光・浄化

調和

可沿線剪下，當作書籤使用

光・浄化

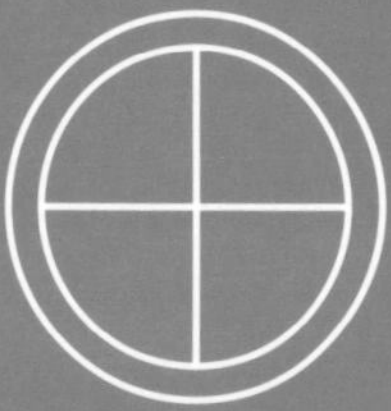
調和

光・浄化

調和

可沿線剪下使用

淨化接福

靈媒神人驅散負能量，洗滌身心體的75個方法

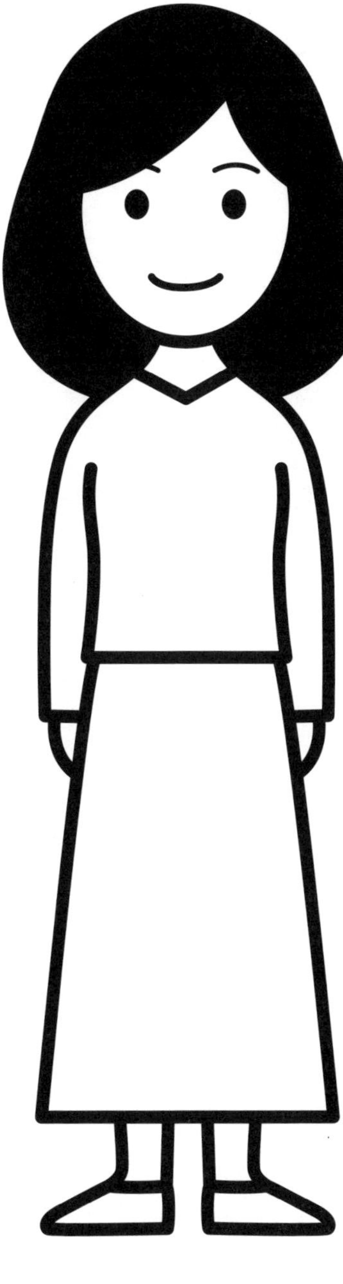

靈媒 神人／著
陳令嫻／譯

suncolor 三采文化

前言

透過淨化，祈願和平幸福

我非常幸運，經常獲得庇蔭，因此由衷感謝上天賜予自己生命。也知道自己不過是個平凡人，平常也未曾特別勤奮努力。之所以能活在這個人世間，都是因為眾人的善意與協助，所以我想要報答所有帶給我幸福的人。

我多次自問自答：「像我這樣的人究竟該怎麼做，才能報答大家的恩惠呢？」最後得出的答案是，我所能做的便是自己做得到的事。

但是「我做得到什麼事呢？」那就是活用人生經驗，改變這個世界與世人。

我這個人沒什麼特別的可取之處，不過有很多神奇的經驗。並且透過這些經驗，獲得了許多知識。

這些經驗都是些「信者恆信，不信者恆不信」的事情，而且每一項知識都是來自我個人的親身體驗，而非耳語相傳的故事。

倘若這些經驗能對社會有所裨益，個人倍感光榮，同時加深我來到這個世上的意義。

我是青森縣人，出生於一九六九年。從小便經歷過各種光怪離奇的體驗，一九九八年時完全開天眼，成為真正的靈媒。

我看得見，聽得到，而這些靈體也會移動說話……二十五年來的人生，累積了多如牛毛的神祕靈異體驗。大家或許會覺得這些體驗荒誕無稽、難以置信，不過我從早到晚，二十四小時都時時刻刻與這些異次元世界的萬物共生談話。

這些經驗如同禪宗公案，迫使我天天思考這世上究竟何者為真，何者為假？這些異次元世界的萬物教導我成千上萬的真相實情，徹頭徹尾改變了我對於食衣住，以及醫療、政治、教育與金錢價值觀的一般認知。

目前我自稱創作歌手與靈媒——連結異次元與我們生活的世界，靠這兩種工作維生。

就我長期面對真相實情的心得來說，我們所生活的社會是建立在虛偽不實之上，而我們這些地球人幾乎從未習得關於這個世界的真理，所以才會生活於苦難之中。

長年以來，少數惡徒為了占有各種權益，於是隱瞞真相實情，導致許多領袖受到迫害，或是遭人收買，淪為惡人的手下。我們這些生活在地球的居民從食衣住到醫療、政治、教育與經濟，都遭到這些邪惡的組織計劃性地壓榨身心健康與財產，並且在他們巧妙地控制之下吸收了虛偽不實的知識。

地球真正的歷史便是人民長久以來受到欺騙隱瞞！

所謂「人如其名」，我的本名是「健仁」。當初父母為我取名字時，期盼我能健康茁壯，成為愛人且受人所愛之人。

因此我由衷期盼所有地球的居民都能獲得真正的幸福，恢復真正的身心健康，過得健康快樂。

長期以來，我一直問自己：「究竟該怎麼做才能實現，所有人都能幸福的這個願望呢？」

由於無法當面見到所有人，我深信必須針對所有地球人，傳授淨化的方法。這是本次動筆寫下本書的理由，同時也是我多年來透過演講傳遞的訊息之一。

倘若本書能幫助大家脫離苦海，恢復身心健康，我會高興得無以復加。

本書出版之際，除了帶來良緣的指導靈團之外，還要感謝編輯豐島裕三子女士，插畫家淺田惠理子女士，以及負責書籍設計的三瓶可南子女士。豐島女士不僅從各方給予協助，也多虧她邀約，我才會提筆寫下本書；淺田女士則為本書描繪合適的插圖。另外，還要由衷感謝德間書店的所有相關人士為我打氣。

真心感謝大家，謝謝上天讓我遇到你們。

大家高高興興、快快樂樂，遞嬗感恩。

神人　叩首

目錄

第2章 淨化的方法① 透過五感

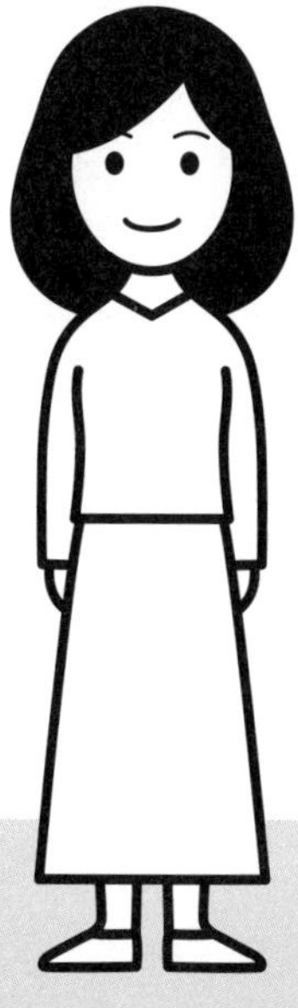

第3章 淨化的方法② 透過大自然

第4章 淨化的方法③ 透過脈輪、色彩與冥想等等

第5章 淨靈淨化的方法 神示淨化等等

第6章 淨化地球

第1章

何謂「人類」？

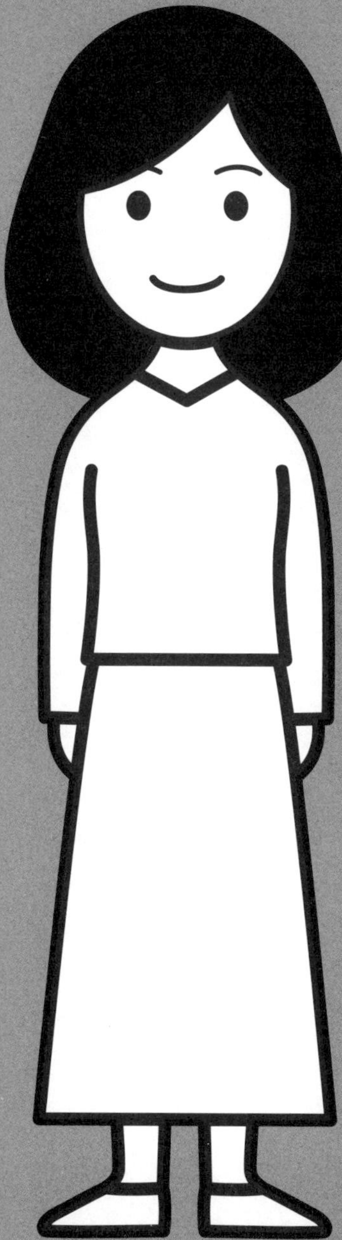

一起變得幸福快樂！

我希望大家過得幸福快樂，因為我自己就是過著這樣的生活。託所遇見的眾人之福，獲得指導與協助，我才能過上現在的日子。

所以我希望接下來有緣遇到的所有人也都能過得幸福快樂，而且由衷期盼世上所有人類都能過上這種日子。

但光是期盼無法實現願望，而是要為大家貢獻我所能做的一切，也就是向大家分享我知道的，**獲得幸福快樂的方法**。

◆何謂幸福？

什麼狀況才算幸福呢？儘管世上的價值觀形形色色，應該所有人都會同意，幸福是身心都健康的狀態。

〔眾人的幸福最大公約數〕＝〔身心健康〕

健康，指的是身心都充滿喜樂的狀態。每天都感到身心喜悅的人生，就是最美好的！

〔健康〕＝身心充滿喜樂的狀態

健康的相反是不健康＝生病。生病代表身心缺乏喜樂的狀態。因此持續給予身心喜樂，便能隨時處於充足的狀態。

但是身心追求的究竟是什麼樣的喜樂呢？探究喜樂之前，我們必須先了解人類的身體機制。

我們的真面目，也就是人類，究竟是什麼呢？這明明是我們最需要的知識，卻從來沒人教過我們。

我們生而為人，卻不明白人類的學問。地球上的居民不認識自己，身為人類卻不知道何謂人類，這實在是非常不可思議……

何謂人類？

我的指導靈告訴我，**在我們生活的世界當中，所有生物共通的生命結構是「肉體」、「靈體」與「神體」**。在這個次元的世界當中，只有肉體是無法活下去的。

※為了便於讀者理解，本書有時以肉體代表身體。

〔肉體〕＋〔靈體〕＋〔神體〕＝〔生命〕

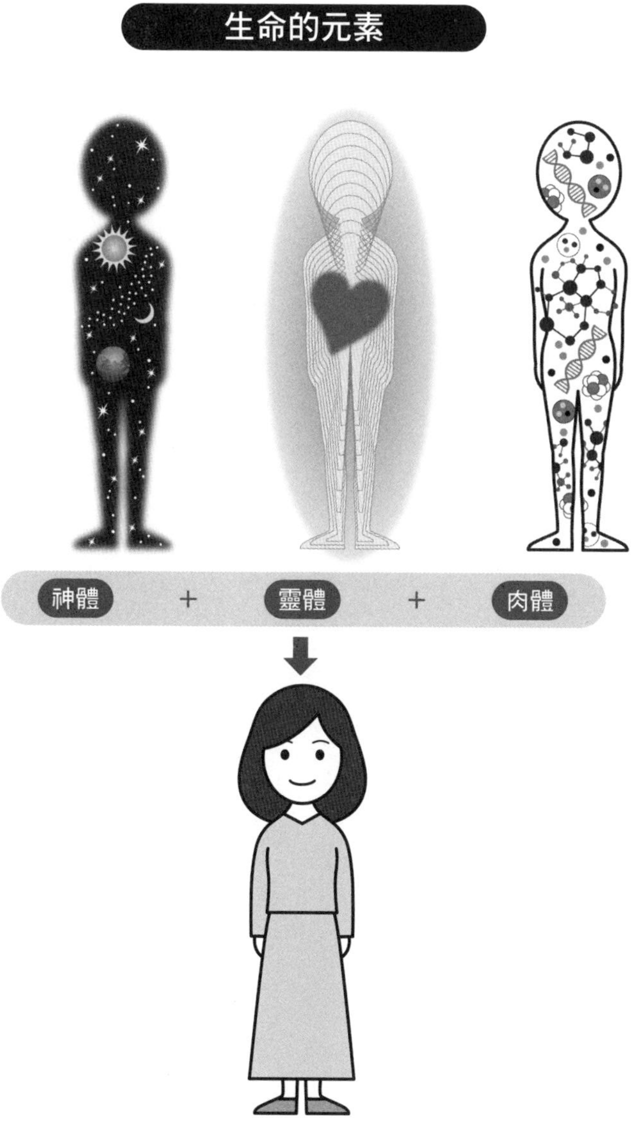
生命的元素
神體
+
靈體
+
肉體

肉體是我們所在的次元的生命體（所在次元的物質、DNA、地球的基本粒子、水、土、空氣）。

靈體是異次元的生命體（異次元的物質、意識體、情感體、心、氣、生命能量）。

神體是多重次元的宇宙體（多重次元的物質、宇宙能量、宇宙、銀河、日月星辰、地球）。

所以**我們的真面目其實是「靈體」＝「異次元生命體」**。身為靈體的我們為了在這個次元的世界行動，借用了這個次元的生命體，也就是肉體。

請大家務必理解前文的關鍵在於，**人類不是只有肉體**。

人類不是只有肉體

簡而言之，我們所有人的共通點是沒有人真正了解肉體，不曾好好活用肉體，而且肉體也不是人類創造的成果。

◇**人類不了解肉體。**

◇**肉體不是人類創造的成果。**

◇**人類沒有活用肉體。**

我們幾乎不了解肉體運作的機制，而不了解的理由在於沒有接受過關於肉體的正確教育。

人從出生到死亡都必須和肉體相處，所以我們該做的第一步是深入了解肉體，然而這些知識卻沒有納入義務教育。

我認為身為成年人，必須和醫療相關人員一樣，充分了解肉體才行。然而大家卻因為沒有受過這方面的教育，以至於多數的成年人都不認識自己的肉體。

由於沒有受過最重要的教育，以至於我們生病時只能仰賴他人。倘若眾人具備肉體的相關知識，便能根據預防醫學來常保健康了吧！

另外，我們不曾製造出自己身上的頭髮跟睫毛，就連一顆細胞也沒做過，卻強烈認為身體屬於自己。

不僅如此，連呼吸、血液循環、流汗、調節體溫，消化到分解養分等維持生命的機能，全都無法以自我意識來控制。

神奇的是我們卻理所當然地認為肉體＝自我，所有人的想法一致到像是受到集體催眠。

這應該是源自於我們遭到唯物主義的現代教育所洗腦，才會誤以為肉體＝自我。

換句話說，我們遭人誤植虛假妄想的價值觀，生活在幻想的世界當中。

地球人生活在幻想的世界當中

我們身為地球人，最為重要卻從未學過的道理便是我們屬於靈體（異次元生命體），向神體（地球）借來肉體（目前所在的次元生命體）來使用，而且使用的時間有規定的期限，而非永恆無限。要是能認真理解這件事，便能改變對於肉體的看法，進而了解生病的機制。

如何和自己的肉體相處？

所以我們究竟該如何和自己的肉體相處呢？

肉體是地球借給我們的皮囊
也是我們最接近地球的媒介

「你的肉體是地球借給你的生命體，所以絕不能隨便糟蹋，輕易傷害，做出讓肉體受苦的事情，必須每天好好珍惜。」

倘若成年人如是教育兒童，等到他們長大成人，想必不會做出對肉體造成負擔的行為，更加重視肉體，過著以健康為優先的生活。

【以健康為優先的生活】

◇每天感謝肉體。

◇絕對不做肉體討厭的事。

◇每天聆聽肉體的聲音（＝分析肉體的感覺）。

人類之所以會傷害肉體，讓肉體受苦，甚至自殺，是因為我們沒有受過人生在世最重要的教育。

靈媒眼中的疾病為何？

疾病是身心發出的訊息

我既不是醫生，也不是科學家，因此不了解複雜的醫學知識。但是根據身為靈媒的實際體驗與異次元的存在所教授的知識，可以跟大家分享一些事情。其中一項知識便是「疾病」。

疾病是我們的老師，痛苦是身心所傳遞的訊息。為了告知我們**必須改變選擇的方式（生活習慣或誤解）**，才會出現疾病與痛苦。

因此當疾病這位老師出現時，我們必須滿懷誠意地道歉，改善自己的作息。

〔疾病〕＝〔老師〕
〔痛苦〕＝〔訊息〕→〔改善〕

疾病又分為心靈疾病與身體疾病。

日本有句俗諺說「病由氣生」。由此可知，疾病是因為「氣生病了」。氣反映心靈，也是靈體能量。

〔氣〕＝〔反映心靈〕＝〔靈體能量〕
〔心靈生病〕＝〔病氣〕＝〔靈體生病〕

當心靈，也就是靈體持續生病，身體也會受到影響。我把這種情況稱為「病態」。

〔身體疾病〕＝〔病態〕

「病氣」的狀態還能簡單治癒，等到化為「病態」就得花時間才能康復了。病態是過度的行為，加重身心負擔所導致的結果，而這種狀態顯現於身體較為脆弱的部分。

無視病態，不改善原因，最後會陷入重病的狀態。

〔病氣〕→〔病態〕→〔重病〕

指導靈告訴我：「人類的壽命其實早在出生便已經大致決定好

了，是無法改變的宿命（生命的期限）。」

當病態惡化為重病，結果致死，代表這是決定好的宿命，只得接受。然而當痛苦持續數十年，早點發現原因，加以改善比較好。

既然如此，早在靈體化為病態前，也就是在病氣的階段加以改善即可。

在形成〈病態〉之前的〈病氣〉階段改善

倘若是因為自己的觀念或生活方式導致後天罹患疾病，我受到的教誨是想必有改善的辦法。

病況好轉與不好轉的差異在於，是否真心打算找到改善的方法。無論找到與否，即便找到了也要當事人肯下工夫執行才行。這世上有很多人因為找到改善的方法，因而迎來奇蹟似的康復。

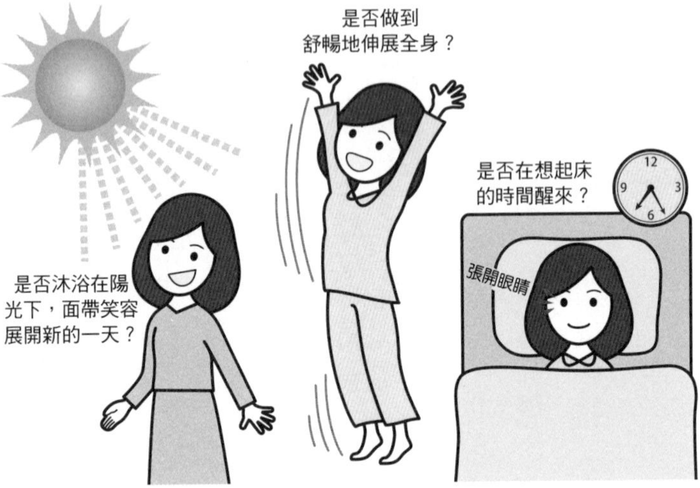
是否做到
舒暢地伸展全身？
是否在想起床
的時間醒來？
張開眼睛
是否沐浴在陽
光下，面帶笑容
展開新的一天？

既然人終有一死，選擇儘量不會死得痛苦的命運（多次選擇所帶來的因果），維持感謝與喜悅的心態，迎向平穩的死亡正是告別人世的理想方式。

簡單判斷身心狀態的方法

・是否在想起床的時間醒來？
・是否做到舒暢地伸展全身？
・是否沐浴在陽光下，面帶笑容展開新的一天？

每天的起床時間基本上都是固定的。倘若睡眠時間充足，不覺得疲勞，生理時鐘正常運作，照理來說，到了想起來的時間便能自然醒來。如果身體沒有任何不適之處，應該要能舒暢地伸展全身。鑽出被窩之後，沐浴在陽光下，完全清醒時，能夠期待一天的開始且露出笑容，代表沒有什麼壓力。

做得到以上三點的人應該身心健康，生活幸福，面對多數狀況都能適當判斷。

生理時鐘、伸展全身、面帶笑容

倘若做不到其中一點，代表生活出現需要面對的課題，必須儘早努力來改善。明知有問題卻擱置不管，事態會逐漸惡化。

人為何生病？

疾病代表身心失衡（不協調）。

〈疾病〉→〈靈體與肉體不協調〉

人會生病，必有原因。**疾病是「凝視過去結果所導致的狀態」**。宇宙的所有現象都遵循因果法則，也就是有因必有果。觀察結果，思考原因究竟何在——這就是現在的你所承接的課題。

〈結果〉⇕〈原因〉？

無論是何種情況的身心不適，事出必定有因。無法鎖定原因，當然無法解決問題。

所以先**從尋找自己認為可能的原因著手，一項一項加以改善**。

〔壞的因素〕＝〔疾病的根源〕

造成疾病的機制

人究竟為什麼會生病呢？

有時候人類會以病魔一詞來代指疾病，病魔的「魔」象徵的就是負面能量。

病魔→〔魔〕＝負面能量

俗話說「鬼迷心竅」，人之所以會鬼迷心竅，其實原因出在自己身上。「鬼迷心竅」導致人無法做出正確的判斷，於是部分行為做過頭，造成不協調。

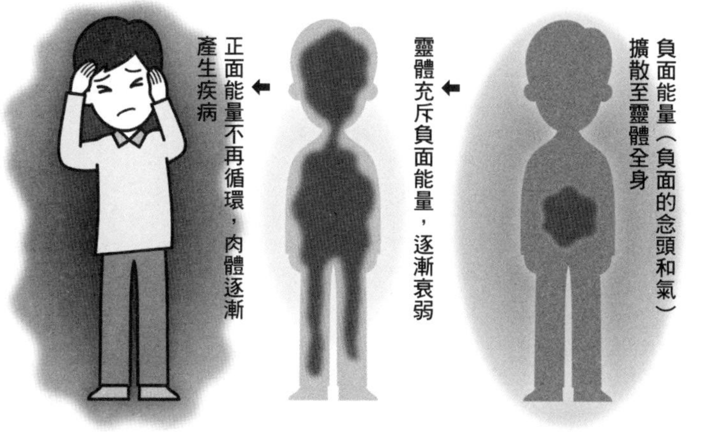
負面能量（負面的念頭和氣）
擴散至靈體全身
靈體充斥負面能量，逐漸衰弱
正面能量不再循環，肉體逐漸
產生疾病

疾病的機制便是某種行為持續做過頭，長期造成身心痛苦，進而引發疾病發生。

〔某種行為做過頭〕→〔痛苦〕＝〔疾病〕

那麼，什麼是負面能量呢？負面能量指的是負面的念頭與氣。

疾病始於靈體充斥負面能量，靈體持續暴露在負面能量之下，靈體本身的能量會逐漸減弱。

靈體與氣的能量日益衰弱導致正面

能量無法流進肉體，自我痊癒能力因而降低，肉體於是生病。

當心靈無法感受到生命的喜悅，代表已經形成病氣，由內而外持續承受負面能量，靈體萎縮，陷入生病的狀態。

〈病氣〉＝靈體生病的狀態

原本靈體會散發橢圓形的美麗能量，稱為「氣場」。氣場反映過去的生活方式，也是源自生活方式的能量。

所以氣場因人而異，有人大，有人小，有人強，有人弱，有人的色彩美麗，有人的顏色黯淡。

其中又以生病之人的靈體能量最為衰弱萎縮，顏色也黯淡無光。等到疾病嚴重到肉體開始出現疼痛或痛苦等症狀，連氣場都開始無法維持橢圓的形狀。

靈體所散發的能量（氣場）
因人而異
大小、強弱與顏色等等
病氣者的能量低落，顏色也因
而暗沉，無法維持橢圓形的氣場。

當靈體能量無法維持形狀時，肉體的細胞與機能等各處都會顯現症狀。

最容易受到影響的是血液與腸道菌。血液因此變得濃稠，腸道菌開始死亡，導致體內的免疫細胞無法正常運作，免疫功能因而下降。

免疫功能下降所帶來的影響是從DNA較為脆弱的部分，或是慣性與偏見而導致身體負擔較為沉重的部分（胃不好的人便是從胃，腰不好的人是從腰）開始生病。這就是人類生病的機制。

有些疾病是始於外傷，然而病氣是**從靈體開始生病，最後顯現在肉體上。**

〈病氣〉↓〈病態〉＝肉體生病的狀態

原本人類的身體具有自我痊癒的能力，會自行取得平衡，改善疾病的影響。因此重要的是保護自己的靈體，選擇不會阻礙肉體的生活方式。

明明一心一意想讓身體更好，但是持續暴露在負面情緒之下不可能好轉。

因此治療的第一步是了解疾病的機制，在日常生活中留心不要累積過多負面能量。

先天性疾病與後天性疾病

說明到這裡，相信大家已經明白靈體衰弱時便會生病。接下來要說明疾病分為先天性與後天性，以及為何會生病。

◆先天性疾病的病因為何？

先天性疾病是因為DNA損壞或是故障，主要的原因是身體受到有害物質影響。

有害物質是人類所製造的物質，長年對DNA造成影響。有害物質累積於體內，從母體遺傳給嬰兒，造成惡性連鎖，持續破壞DNA，導致DNA異常的人日益增加＊。

◆後天性疾病的病因為何？

後天性疾病進一步追蹤，便會發現原因之一依舊是出自周遭的有害物質。

另一個原因是壞習慣，人類生病其實是因為吸收了錯誤知識。一直根據錯誤的知識生活，錯誤的知識內化成習慣，進而營造負面能量，導致靈體能量低落，肉體發生問題。

換句話說，後天性疾病是當事人的習慣與偏見對身體**造成負荷，所以生病**。

儘管部分後天性疾病源自靈性原因或命運，不過大多數的原因都是靈體能量持續承受負面能量影響而衰弱，免疫力進而下降，導致生病。既然如此，**只要不接收負面能量，就不會生病**。

即使持續接收負面能量，只要能夠早日淨化，**不斷引進正面能量來消弭負面能量，便不容易生病**。

但是無論引進多少正面能量，持續承受負面能量仍舊是在原地打轉，不會有任何好轉。

即便進行淨靈淨化來清除靈體內的負面能量以消弭痛苦，倘若依舊選擇持續承受負面能量的生活，淨靈淨化便毫無意義。

消弭負面能量 注入正面能量

第一步是清除負面能量，選擇不會承受負面能量的生活。如此一來，肉體便能依靠天生具備的自我痊癒能力來恢復健康。

＊有鑑於個人健康情形因年齡、性別、病史和特殊情況而異，建議您，若有任何不適，仍應諮詢專業醫師之診斷與治療建議為宜。

然而現況卻是大多數人的自我痊癒能力，都受到自己的意志所阻礙。健康生活的關鍵在於，**選擇不會影響免疫力的方式過日子**。

以上說明了負面能量究竟從何而來，以及疾病的機制，希望大家都能明白。

若是無法了解疾病的機制，無法恢復真正的健康狀態。

頭痛醫頭，腳痛醫腳，無法根治疾病，恢復健康

如何面對疾病？

・了解原因

凡事有其原因與結果，重要的是先探究原因。

了解生病的原因，加以改善，改變結果

・正視原因不擱置

無視痛苦的狀態，會導致疾病惡化。

消除痛苦的主因

解決問題的重點在於，改變造成痛苦的生活習慣與偏好。

生病代表人遭到負面能量包圍。但是究竟什麼是負面能量呢？

讓我們來瞧瞧導致疾病的負面能量的真面目，負面能量（念頭與

氣）分為兩種，分別是內在物質與外在物質兩種。

◆內在物質

源自我的負面能量分別是偏見、受限、執著與偏好等等。

當事人沒發現這些內在物質錯誤，化為習慣，成為偏好，最後成為痛苦，浮現於身體上。有些疾病稱為「生活習慣病」，靈體也有生活習慣所造成的「靈症」。

例如遭到他人控制洗腦，容易冒出負面的念頭等等。總而言之，倘若當事人沒有意識到自己習慣陷入負面思考，便會陷入死胡同，無法改善。

換句話說，被害妄想與慣性撒謊等自我暗示造成負面連鎖，這種人的靈性也是屬於容易受到負面能量影響的類型。

◆外在物質

來自外在的負面能量是邪惡的靈所帶來的影響，包括惡魔、惡靈、生靈與邪念。這種情況又可以分為兩類，一種是「生靈」，一種是「亡靈」。

生靈是生命所散發的負面念頭。所謂的生命不僅是人類，還

外在物質
〈生靈〉
來自其他生命的負面念頭
不僅是人類，連動物也會散發負面的念頭

來自外在的物質
〈亡靈〉
惡魔、惡靈、邪靈
有時甚至會來附身

包括動物。無論是貓、狗、牛、馬還是豬，要是遭到虐待也會散發負面的念頭（詛咒）。

尤其是人類負面的念頭，具備強大的靈力。每個人念頭的強弱程度不同，強烈的人連怨意與嫉妒的程度也比他人深刻，甚至會超越時空，附身在他人身上，造成惡性影響。

這種念頭又稱為「念波」，與電波相同，和距離、地點與時間無關，隨時隨地都會向他人傳送過去。

因此倘若與人爭吵不和，遭人嫉妒或是怨恨，對方距離自己越近（例如家人、職場、學校、友人與鄰居等等），影響越大。

亡靈與生靈相同，多半以惡魔、惡靈或邪靈的狀態顯現，帶給肉體惡性影響。靈附著在人身上稱為「附身」，此時會出現不適、痛苦，甚至整個身體都遭到靈所奪走操控等「靈症」。

惡靈無論生死，基本上都缺乏喜樂，充斥強烈的負面情感（嫉妒、扭曲、憤怒、恨意、痛苦）＝負面能量。

生前便消極悲觀的人，死後依舊化為消極悲觀的靈人，也就是死靈。遭到消極悲觀的靈人附身，自然會經常接收負面思考與情感，造成病氣或病態。

前文已經說明，靈是能量體。散發負面念頭、氣或能量的靈是遭到消極悲觀思考所附身的靈體能量。避免負面能量最簡單的方法就是，**不要接觸散發負面能量的靈**。

大多數人的痛苦都源自人際關係，**人際關係就是和活著的人，也就是生靈之間的關係**。

靈全部都是由能量所組成，包含活著的人等所有靈皆會散發能量。所以遠離散發消極能量的靈，比較不容易接收到負面的念頭、氣與能量。

和消極悲觀的人保持距離

【靈人對於疾病的教誨】

過去某位已故的醫學博士（靈人）教過我一些關於疾病的知識，內容簡單易懂，在此與大家分享。

Q. 該怎麼做才不會生病呢？

A. 不要攝取多餘的物體進入肉體。

※ 多餘的物體不僅是無害的物品（自然的物品），還包括不要飲

用、食用或塗抹有害的物體（人工的物體），也不要打針*。

不要攝取有害物體進入肉體

Q. 生病時該怎麼做才會改善呢？

A. 不要做多餘的事。

※ 多餘的事意指治癒肉體的是肉體本身，所以不要做出妨礙自我痊癒能力的行為，應當好好休息以提升自我痊癒能力。

肉體本身能夠恢復健康＝自癒力

* 此為作者個人觀點，建議您，若有任何不適，仍應諮詢專業醫師之診斷與治療建議為宜。

Q. 該怎麼做才能恢復原本健康的狀態呢？

A. 從沒有人煙的深山取得一點黑土來食用即可＊。

※ 現代日本人似乎因為消毒劑、添加物與抗生素等影響，腸道菌的種類大幅減少。

黑土含有大量細菌，所以攝取黑土能重新培養腸道菌。攝取方式是加入水中來飲用。

自古以來，世界各地都傳承了吃土這種飲食文化，用於調節腸道菌。血液與營養都是來自腸道，所以希望體內持續製造健康的血液也必須具備各類的腸道菌。

建立良好的腸道環境

人類與社會的疾病道理相同

人類與社會的關係如同碎形（※每個局部具備與整體相同的特徵結構，及具有自相似的性質），所以我認為「人類的疾病」與「社會的疾病」也是碎形的關係。

換句話說，了解人類生病的機制，便能治療社會的疾病。

〈人類的疾病〉＝〈社會的疾病〉

＊此為作者個人觀點，建議您，若有任何不適，仍應諮詢專業醫師之診斷與治療建議為宜。

爭執、自殺、飢餓、犯罪、破壞、汙染與戰爭……這些社會現象代表人類社會這副「身軀」生病了，也就是社會處於「病態」，而且目前相當嚴重。

社會生病的原因與人類相同：偏見臆測、作繭自縛、偏好習慣、邪惡念頭，以及受到惡靈附身等等。歷史觀、宗教、政治思想、意識形態與教育等都可能是社會的偏見與束縛，也就是**國際社會和大眾輿論的偏頗思考**。

另一方面，少數超級菁英覬覦掌控世界的傲慢心態，也是導致社會生病的原因之一。淨化人類和社會的方式其實理出同源。

俗話說「欲速則不達」，想要建立更加美好的社會，第一步是所有人必須了解如何面對疾病。

第2章

淨化的方法①
透過五感

淨靈淨化

◆何謂淨靈淨化？

持續給予身心會感到喜樂的事物，給予撫慰的能量。

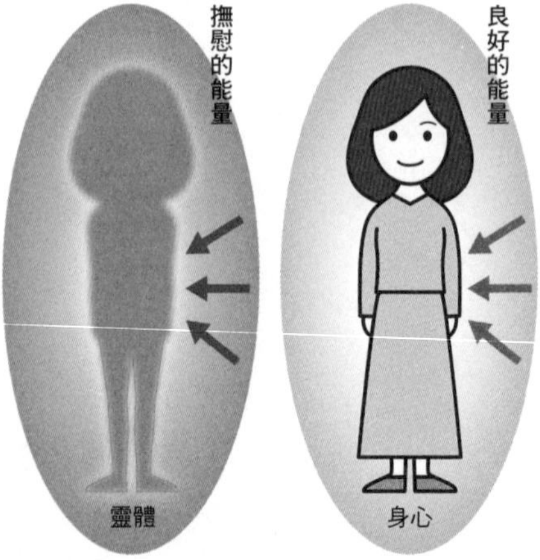

何謂淨靈？

淨靈意指淨化靈體。**靈體是思考體＋情感體，也就是人類所散發**

的氣。

至於淨化則是**持續給予靈體良好的能量（舒適的狀態）。**

特意給予身心都能感到喜樂的事物，因而從負面的狀態（負面的能量）恢復到正負為零的狀態，又繼續進入到正面的狀態（正面的能量）。

〔負面的狀態〕↓〔歸零的狀態〕↓〔正面的狀態〕

世上真的有靈嗎？

幾乎所有地球人都沒學過與異次元（靈界與靈等等）相關的知識。這是因為現代科學以所在次元的世界為優先，長期忽略關於異次元的研究與教育。

現在大家都認識到宇宙是多重次元結構，也有學者進行異次元的相關研究。儘管如此，地球人對於異次元的科學研究依舊不足。

我身為靈媒，時時與異次元世界的生命體交流溝通，它們之於我是理所當然。

倘若越來越多人認為「異次元世界的生命體」相當於「日本以外的國家也有人類」，這種想法便會普及到整個社會吧！

相信在不久的將來，異次元的世界也有生命體，以及宇宙中的其他星球居住了外星人等真相實情會逐漸成為整個社會的常識。

首先，我們身為「人」是怎麼生活的呢？出生之前與死亡之後又是什麼樣的情況呢？

要是從來沒受過相關的生命教育，無論活多久都無法了解人類生死的機制。

這就如同人活著卻不知道自己是誰，不明白自己來自何處，又將往何處去。

這些情況代表地球人從未學過真正重要的知識。

地球人從未學過真正重要的知識

關於靈症

究竟何謂「靈症」呢？

「靈症」指的是遭到惡靈（例如人類或動物的靈，以及生靈等等）附身的狀態。一般無法分類為「心身症」的疾病形形色色。

◆強烈的睡意

當和自己的靈體相關的靈不肯離開時，通常會異常睏倦。

倘若遭到附身，通常會產生強烈睡意，感覺身體沉重；當附身的靈離開時，產生的睡意則是感覺身體變輕盈。

◆嚴重發冷

遭到負面念頭（威嚇、悲傷、嫉妒、恨意）強烈的亡靈或生靈附身時，從脖子後方到背部會嚴重發冷（※實際測量體溫卻和平常相同）。

◆鬼壓床

遭到鬼壓床時，身體會冒出雞皮疙瘩，似乎有人掐住自己的脖子，坐在自己身上，或是腳部遭人抓住，同時身體完全無法動彈，也發不出聲音。

儘管發不出聲音，還是能在內心默念。建議此時在心中用力默念：「從這裡滾出去！」

在壓力過大的情況入睡時，也會在夢中陷入全身緊繃僵硬，無法沉睡，而且清醒時身體動彈不得。這種情況不算是靈症所引發的鬼壓床。

◆身體莫名的疼痛

所謂的疼痛可能是覺得背後遭人以利器刺傷的劇痛，肩膀遭人用力抓住的痛感，強烈的頭痛或是嚴重腹瀉……

這是因為靈在傾訴、抗議、威嚇，或是生靈散發的負面念頭，以及人類的詛咒所致。

有時這種疼痛源自靈性方面的排毒。

◆**倦怠與不適**

全身使不上力，繭居在家或是陷入憂鬱。

◆**性慾異常旺盛**

遭到色情靈附身，或是生靈的怨念過於強烈時，受到影響的人通常會渴望性行為。過於強烈的性慾難以滿足，導致內心苦悶，腦中出現猥褻的影像或聲音。

◆**食慾異常旺盛**

飢餓的靈（對於飲食格外執著的靈，或是死因為餓死的靈）特別注重飲食。遭到這種靈附身時所顯現的靈症是怎麼吃也吃不飽，無法

來自靈的傾訴、抗議、威嚇，生靈的負面念頭，或是人類的恨意⋯⋯
好、好痛⋯⋯

遭到消極悲觀的情緒所束縛

遭到飢餓靈附身

抑制異常旺盛的食慾。

無法停止喝酒也是因為遭到對於酒精飲料格外執著的未淨化靈所附身。

◆強烈的怒意、悲傷，失落感與疏離感

莫名陷入消極悲觀的狀態，情緒變化起伏激烈。

這是因為靈的氣質顯現在附身的對象身上，遭到附身的人無法自行控制。

◆無法控制情緒

遭到附身的人把浮現於腦中的消極悲觀想法，以及喜怒哀樂等情緒的劇烈變化都當

作是自己的反應，誤以為自己情緒不穩定，精神錯亂。

◆異常的言行舉止

例如：無法控制自己的行為，對他人破口大罵或是口出穢言。另外還包括發出奇怪的叫聲，突然大吼大叫，忽然無理取鬧，丟擲物品，使用暴力。

遭到動物靈（犬、貓、狐狸、貉或是蛇）附身時，用字遣詞則會變得幼稚天真，甚至會出現恣意妄為的言行舉止。

◆臉部表情與說話方式不一變

表情與口氣明顯與本人大相逕

大吼大叫，發出怪聲，肆意亂罵，
無理取鬧，動作類似野獸……
××××
×××××!!!
××××
××!!!

庭。例如女性變得像男性，大人變得像小孩，小孩變得像老人等等。

◆失眠

靈性意識在睡眠期間會增強，因此遭到附身時的靈症也更為明顯，導致當事人受到幻覺與幻聽影響，感覺不適，於是無法入睡。

長期失眠會導致慢性疲勞，無法過上正常生活。例如拒絕上學，辭去工作，繭居在

口氣與表情明顯不是本人

家不外出……

◆自殺

當附身的是自殺而死的亡靈時，會在腦中聽到有個聲音引導自己去自殺，例如「死了比較輕鬆」、「活著也沒意義」、「來這邊陪我吧！」

對未來無法抱持希望的人，會被這些聲音所吸引。

根據身心科（精神醫學）的診斷，上述的靈症會被視為附身幻想，屬於患者失去自我所引發的思覺失調之一。

對於這些人，醫生的診斷結果可能為思覺失調、多重人格、躁鬱症、解離性障礙、神經衰弱、憂鬱症、情緒障礙，或是靈媒修練過程中引發的精神官能症等等的精神疾病。

接下來，醫師會開立處方藥物或安排心理諮商來消除這些症狀。

身心科認為靈症＝精神疾病→開立處方藥物或安排心理諮商

靈性體質

◆何謂靈性體質？

我們所有人都是異次元的生命體「靈人」，獲得許可使用處於當下次元生命體的「肉體」。因為是靈人，必定具備身為**靈人的感覺＝靈性感覺**。

所以這個世界上所有人都具備靈性感覺，大家的差別只是在於強弱之分。

當靈性感覺日漸強大，便容易受到靈的影響。

現在地球人整體的靈性感覺急速提升，因此具備靈性體質的人也逐漸增加。所以大家需要了解靈性體質的特性，學習如何對應，進而實踐。

◆感應體質

這種人容易感應，當靈性感覺更為強烈，對於能量的反應也更為敏感。這也是一種野性的直覺，動物對於能量十分敏銳。

感覺變得敏銳，自然能分辨「舒服的能量」與「不適的能量」，以及影響的程度。

持續吸收負面能量的體質

由於接觸的人事物與所在的地點，這種體質的人有時會突然感到不適，或是覺得不對勁。

解決辦法是遠離能量強烈的人事物和地點，便能恢復原狀。

◆吸收體質

容易吸收能量的體質。這種體質與感應體質相同，對於能量相當敏感，會立刻受到影響。

當接觸的人事物與所在的地點散發負面能量，便會像海綿一樣吸收個不停。

解決辦法不同於感應體質，不僅需要遠離散發負面能量的對象，還必須淨靈淨化已經吸收的負面能量。

◆**附身體質**

容易遭到靈附身，經常感到強烈睡意、倦怠感與身心不適。

解決方式是需要淨靈淨化、導靈淨化或除靈淨化。

◆**靈媒體質**

容易成為靈的媒介，肉體遭到其他靈奪取，出現靈動（肉體不受自己的意志控制，肆意行動）。感情起伏變得劇烈，出現其他人格，表情也與本人大相逕庭等等。

倘若附身的是惡靈，容易產生負面

思考，包括憤怒、嫉妒、執著、懷疑、悲壯感、無力、被害妄想與恐懼，呈現暴力傾向。

解決辦法視需要來進行淨靈淨化、導靈淨化或除靈淨化。

如何因應靈？

Q. 何謂因應靈？

A. 因應的方式包括淨靈、導靈與除靈。

◆淨靈

淨化靈，持續給予靈體良好的能量。

◆導靈

引導靈。對靈人進行心理諮詢（參考一九七頁）。

◆除靈

驅除靈。強制排除靈（人、動物的靈以及惡靈皆是，參考二〇三頁）。

向靈界的守護靈團求救，請靈團帶走這些靈。

只有特定的人才會淨靈嗎？

Q. 淨靈需要條件嗎？

A. 只要了解淨靈淨化的方程式，所有人都做得到。

誰需要淨靈？

Q. 什麼樣的人需要淨靈淨化呢？

A. 不見得只有遭到靈附身而痛苦不堪的人才有必要，所有人都需要淨靈。健康的人進行淨靈相當於預防醫學，可以避免罹患疾病，維持身心健康。

如何淨靈？

接下來將介紹各類淨靈淨化的方法。

這些淨靈淨化的方法是我個人長年以來面對自己的靈媒體質，實踐嘗試後的心血結晶。每種方法都有對應的效果，所以大家可以依照自己的情況，挑選合適的方式來試試。

靈性體質也是形形色色，因此淨靈淨化的第一步是了解淨化的方式琳瑯滿目，必定能從中找到適合自己的方法。

無論是何種方法，**懷抱喜樂的心情與謝意，持續執行**便能感受到效果。請持續給予自己的靈體品質優良的喜樂能量吧！

五感淨化

何謂五感淨化？藉由肉體的五感（視覺、聽覺、嗅覺、味覺、觸覺）來獲得喜悅。

・挑選肉體會因此感到喜悅的事物。
・持續給予肉體每個部位舒適的感受。
・對肉體說話，表達謝意。

視覺淨化

◆何謂視覺淨化？

◇做會讓眼睛高興的事。

◇讓眼睛維持在舒適的狀態，或是挑選會讓眼睛舒適的事物。

例如觀賞美麗的景色（大自然）、美好的事物、可愛的事物、令人憐愛的事物、喜歡的人的照片與影片，看起來非常美味的食物，喜歡的顏色與令人舒適的光線照明等等。

眼睛也是接收許多資訊的媒介，而每種資訊都具備不同的能量（頻率），所以會在不知不覺中頻頻受到影響。

只要時時提醒自己要觀察良好的

能量，情況便會逐漸好轉。

觀看時感受喜樂，並且轉化為謝意。

聽覺淨化

◆何謂聽覺淨化？

◇做會讓耳朵高興的事。

◇聆聽會讓自己覺得舒服的聲音（例如，喜歡的音樂或是喜歡的人的聲音等等）。

◇沉浸在大自然的聲音裡（例如，蟲鳥的鳴叫聲、水流聲、雨聲和森林的聲音）。

從物理的角度來分析，聲音是**震動空間的波動＝頻率＝能量**。

人類的耳朵雖然無法聽見所有聲音，聽不見的聲音卻依舊會對靈體造成影響。

大自然中幾乎沒有頻率會造成耳朵不適，交通工具、電器與工程等許多人造的聲音卻尖銳刺耳。

我曾經有一段時間非常憧憬生活在無聲寂靜的環境中。身處於沒有任何聲音的空間，實在是身心舒暢，又能提高注意力，靈性意識也因而更加敏銳。

因此最好經常處於無聲或聲音令人舒適的空間當中。

聆聽時感受喜樂，並且轉化為謝意。

嗅覺淨化

◆何謂嗅覺淨化？

◇做會讓鼻子高興的事。

◇嗅聞美好的氣味。

每個人對於氣味的喜好不同，不過應該很多人喜歡大自然的花草與樹木氣味。

使用人工製造的芳香精油與香時，建議使用無添加與無害身體的產品為佳。

氣味對腦部的影響迅速，能夠促進人類瞬間轉換心情。美好的氣味令人心情愉悅，難聞的氣味令人身體和心理不適。

了解自己喜歡哪些氣味，便能配合情境來嗅聞氣味好轉換心情。使用方式包括抹在身上，灑在或放在房間裡，也可以倒進洗澡水裡。

善良的靈喜歡芬芳的氣味，邪惡的靈喜歡噁心的氣味。

當感受到善良的靈時，可以使用香氣來招待；感應到邪惡的靈時，它們會散發惡臭來壓制我們。**氣味能幫助我們判斷靈的好壞。**美好的氣味之於惡靈是不快的因子＝能量（頻率），因此可以用來驅除惡靈。

最好經常待在沒有氣味，或是氣味令人舒適的空間裡。

> 嗅聞時感受喜樂，並且轉化為謝意。

味覺淨化

◆何謂味覺淨化？

◇做會讓舌頭、牙齒等口腔高興的事。

◇吃自己想吃的東西。

◇慢慢品嘗美味的食物。

◇感受飲食的喜悅，用心品嘗。

吃東西的時侯不僅是把食物嚥下肚子，而是一邊想著真美味，或是把感受到美味的心情說出口，緩緩品嘗，喜悅也會隨之加倍。

靈體因而感受到歡喜（喜悅的能量），沉浸在喜樂當中，逐漸增添良好的能量。

把精神集中在用餐上，放慢進食的速度，把喜悅化為語言說出口。如此一來，便能**擴大增強淨化的程度**。

仔細咀嚼吞嚥，既有助於消化，又能促進身體健康。**人會想攝取和自己靈性相符的能量（頻率）**。

了解喜歡哪一種能量的食物，便能判斷其靈性的種類。

> 進食時感受喜樂，並且轉化為謝意。

觸覺淨化

◆何謂觸覺淨化？

◇做會讓肌膚高興的事。

◇按摩肉體。

觸覺
穿起來好舒服！
來按摩吧！
身體變溫暖了
接觸喜愛的
動物或植物
和喜愛的人
進行肢體接觸

◇穿著會讓自己感覺舒服、觸感好的衣物。

◇和喜歡的人進行肢體接觸（溫柔的性愛、肌膚之親）。

◇接觸喜愛的動物與植物（肌膚之親）。

◇溫暖肉體（低體溫容易致病）。

肌膚覆蓋於肉體外層，其中的觸覺神經時時感受到溫度與濕度。接觸到的物品當中，有些令人感覺舒服，有些令人感到不適，所以能夠立刻判斷需要與否，答案自然通常是，**選擇令人感覺舒適的物品**。

持續接觸令人不適的物品會形成壓力，而壓力正是各類疾病的根源。挑選觸感舒適的衣物、寢具、溫度、濕度與空氣吧！

接觸喜歡的人與動植物，湧現心愛的心情，促進快樂賀爾蒙（腦內啡、血清素與催產素等等）分泌，感覺更加幸福快樂。

接觸時感受喜樂，並且轉化為謝意。

睡眠淨化

◆何謂睡眠淨化？

◇迅速入睡。

因此不妨藉由下列方式來達成目的：

◇調整環境以助入睡。

◇準備合適的寢室與寢具，安排睡眠時間。

◇時時提醒自己早睡早起。

◇晚上好好睡覺（在晚上十點～早上六點之間睡覺，睡眠長度則

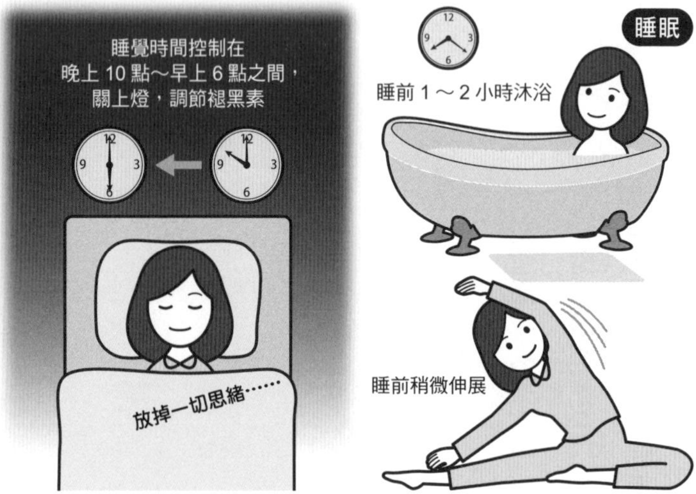
睡覺時間控制在
晚上 10 點～早上 6 點之間，
關上燈，調節褪黑素
放掉一切思緒……
睡眠
睡前 1 ～ 2 小時沐浴
睡前稍微伸展

依個人而定）。

◇沐浴時間控制在睡前的一至兩小時內。

◇睡前一邊深呼吸，一邊伸展。

◇睡前釋放多餘思緒。

◇選擇不會累積過多壓力的生活方式。

◇調節睡眠賀爾蒙「褪黑素」。

褪黑素能調整生理時鐘，幫助入睡、對抗失眠。

◇光線會抑制身體分泌褪黑素＝關燈（在黑暗中睡覺）。

睡意是人類的生理需求，因此我建議大家一定要好好睡覺。肉體若是處於睡眠不足、累積疲勞的狀態，便會導致腦部氧氣無法循環。

靈體在遭到靈附身時，也會出現強烈的睡意，感覺身體變得沉重。淨靈之後，則會轉換為感覺身體變得輕盈的睡意。無論是肉體還是靈體，感到睡意時都不要勉強自己，閉上眼睛，讓肉體好好休息。

當不再感到睡意，全身舒暢，便代表身體已經恢復。

> 睡覺時感受喜樂，並且轉化為謝意。

運動淨化

◆何謂運動淨化？

◇在肉體感覺舒適的範圍內，適度活動身體。

肉體喜歡動，不動便會感到痛苦。所謂的「動」指的是適合自己的運動，運動量也是在自己覺得舒適的範圍內，稍微流點汗。

感到疼痛或辛苦的激烈運動（例如，競技體操、競賽類運動與勞動）都是勉強自己，導致心跳加快，造成身體負荷＝不自然的行為，會帶來反效果。因此建議大家做做伸展、瑜伽、散步、簡單的體操與輕微的運動。

伸展與瑜伽也不應做到令自己痛苦的程度，在身心感覺舒暢的程

在肉體感覺舒暢的
範圍內運動
運動
真開心
好舒服

肉體感到喜悅 ➡ 喜悅的情緒流入靈體

度停下來，品嘗方才活動身體的舒適感受。

我們應該給予的是，感覺到肉體對我們說「我想要這種形態」的運動類型。

所以不需要做運動來造成肉體痛苦，造成痛苦的運動反而是一種虐待行為。

肉體感到喜悅，喜悅的能量便會逐漸增強，流入靈體。

因此自然能由衷感到高興、開心和舒暢。

運動時感受喜樂，並且轉化為謝意。

言語淨化

◆何謂言語淨化？

利用發言來淨靈淨化。當把話說出口時，聲音會化為能量或波動。每種能量與波動各有其頻率，因此能量有所不同。

因此令人舒服的話與令人不適的話，各自代表舒服的能量與不適的能量。

令人舒服的話（＝舒服的能量）
令人不適的話（＝不適的能量）

人類說出口的話都會在自己與他人心中留下或深或淺的記憶，不可能沒有留下任何影響。

耳朵聽到的話傳入大腦來分析，分泌符合頻率的賀爾蒙。這些賀爾蒙的醫療效果如下所示。各方主張不一，因此下文可能與其他流派的說法不同，還請見諒。

◇多巴胺＝振作精神，帶來幸福快樂的感受。

◇去甲腎上腺素＝提升注意力。

◇腎上腺素＝提振精神，變得興奮。

◇血清素＝調節睡眠與清醒。

◇褪黑素＝帶來睡意。

◇乙醯膽鹼＝掌管記憶與學習。

◇腦內啡＝帶來幸福快樂的感受，增強免疫力。

身為生命體，獲得正面話語的能量，便能感受到喜悅，振作精神，以及感覺更加幸福快樂，獲得撫慰。這番道理同樣適用在靈體的身上。

靈體接收良好的能量，轉換為更加良好的能量體，散發良好的氣息。因此持續接收良好的能量，便能改善靈質，散發的氣因而更為強大且良好。

蘊含良好意念的話語屬於良好的能量，因此大家要時時提醒自己說好話，寫好文來互相幫助。

◇表達喜樂。

◇說出謝意。

◇讚美自己與他人。

◇鼓勵自己與他人。

◇說話時面帶笑容。

◆正面的話語（範例）

謝謝、託您的福、感激、我愛你、我喜歡你、真的很喜歡、高興、開心、精神好、心情非常愉悅、幸福快樂。

◆讚美的話語（範例）

好帥！好可愛！好美！好爽朗！好棒！最厲害了！好有趣！好靈敏！好聰明！好有才能！好認真！好有魅力！真有個性！好期待未來

言語的力量
鼓勵
一定做得到！
要相信自己！
讚美
好厲害！
好有魅力！
感謝
託你的福
謝謝
喜悅
好開心！
真幸福！
說話時面帶笑容

的發展！你值得信任！我相信你！你值得信賴！我會跟隨你！我支持你！你好努力！

◆鼓勵的話語（範例）

沒問題！一定做得來！絕對能成功！我為你打氣！加油！相信自己！想像美好的未來！運氣很好！狀態很好！做得到！

如果真的很想說負面的話，不妨**提醒自己一定要加上正面的話語來彌補和挽救**。

不良的話語（負面能量）↓美好的話語（正面能量）
↓正負得零

例如：

「混帳！↓好棒！」

「可惡！↓謝謝！」

「好累！↓努力過了！」

「我做不到！↓做了就會！」

這就是所謂的「正負得零」說法，能立刻發揮效果。這種說法會造成大腦混亂，記不得負面的說法。

大腦的機制是連同話語的正負面情緒一併記憶，說了負面的話便會留下負面的記憶。

我不會逼迫大家絕對不可以說負面的話語，不過要是說出口了，一定要加上消弭負面情緒的正面話語。

電子郵件是現代社會的溝通手段之一，如何用字遣詞非常重要。因此我建議大家既然每天都要寄電子郵件，不妨在信件最後加上一些能讓彼此心情愉快的話語。

以我自己為例，我會在信件結語加上「大家高高興興、快快樂樂，遞嬗感恩」。

說好話的人能吸引善良的人接近，獲得美好的未來。

語言的力量能瞬間發揮效果，請大家務必試試看。你一定會選擇美好話語＝正面話語，成為散發正面能量的人。

表達時感受喜樂，並且轉化為謝意。

第3章

淨化的方法②透過大自然

呼吸淨化

◆何謂呼吸淨化？

◇感受吸氣的喜悅。

◇感受吐氣的喜悅。

肉體為了維持生命，經常呼吸。但是不能總是憑本能進行，而是必須有意識地來呼吸。呼吸不僅把空氣攝取進體內，也是把氣從外部帶進身體內部。

因此重要的是思考自己，該攝取何種空氣與氣？

人類需要的當然是令人舒適的空氣與良好的氣。攝取令人舒暢的空氣與氣，進一步深化喜悅。

呼吸分為吸氣的喜悅與吐氣的喜悅。首先嘗試緩緩大口深呼吸個幾次。

要是感覺吸氣原來是如此舒暢，而吐氣又是如此舒服的行為，代表學會如何有意識地呼吸。

〈呼吸〉＝〈吸氣的喜悅〉＋〈吐氣的喜悅〉

在清醒時的早晨深呼吸，能促進氧氣循環全身，活化細胞。這種說法是有醫學根據的。

當腦神經細胞攝取到足夠的氧氣，身體便能感到爽快又放鬆，進而提升注意力。同時刺激副交感神經，調節自律神經，促進血清素

（安神的賀爾蒙）分泌。

不僅如此，血液循環也會因此改善，又能活化內臟。單憑呼吸法便能控制自己的情緒，這種做法再理想也不過了。

藉由呼吸法持續與充滿喜樂的世界連結，一整天都會覺得自己很幸福快樂。

> 呼吸時感受喜樂，並且轉化為謝意。

自然淨化

◆何謂自然淨化？

◇獲得來自大自然的「氣」。

大自然的能量具備強大的淨化能力，所以**想要確保身心健康就必須接近大自然**。每天生活的環境，意味著日常生活受到哪些能量影響。

換句話說，先不考量人際關係，生活在鄉村（綠意盎然）與都市（綠意稀薄）所能接收的環境能量大相逕庭。

「一年三六五天，每天看到什麼，聽到什麼，聞到什麼，吃了什麼，摸到什麼，又在想什麼」的生活方式其實代表自己選擇了什麼。

不僅是居住環境，職場也是一樣。上班的環境充滿良好的能量嗎？還是充滿惡性的能量呢？

選擇環境對於人類生存是至關重要的元素。

儘管如此，有時還是得強迫自己順應現代的環境，所以改變環境也必須配合時機。

生活方式＝自行選擇食衣住

想要生活在良好的能量環繞之下，必須儘量回到古人吸收大自然能量的生活。

日月星辰、河川海洋、土石火水與風木等大自然的能量琳瑯滿目，形形色色。生活中不妨留意所有能量，練習與這些能量打交道。

關鍵是生活中時時注意大自然

活在充斥電磁波與人工物體的環境之中，身心必定會疲憊不堪。倘若不加以改善，擱置不理，會導致免疫力下降，容易生病。

身心疲憊（病氣）↓免疫力下降（病態）

如果不得不生活在都市或是承受壓力的環境當中（持續承受惡性能量的狀況），至少每星期要撥出一天，或一天當中要撥出一小時去接觸大自然（室外、公園、附近的森林與河川等等），攝取良好的能量，恢復身心平衡。

每天應該要抽空**待在充滿良好能量的環境，這段時間相當於補充好氣＝撫慰身心**。

這是**人生不可或缺的重要時間**，絕對不是浪費時間的行為。

太陽淨化

◆何謂太陽淨化？

◇做日光浴。

大自然的能量當中，又以陽光的淨靈淨化能力最為強大。

如同古人的故事所言，光明具備正面能量，黑暗代表負面能量。

大家不妨如此想像。

攝取太陽能量的方法便是沐浴在陽光之下（做日光浴）。養成日出而作的習慣，自然能曬到太陽。

習慣夜行性生活，代表日常生活中接觸不到太陽，實在是件很可惜的事。

體質屬於附身、吸收、感應或靈媒的人最好養成天天曬太陽，生活在陽光之下的習慣。

建議大家早睡早起

想要吸收太陽的能量，最好的時機是早晨。早上空氣清新，沐浴在朝陽之下令人身心舒暢。

相較於中午與晚上，早晨象徵了一天的開始，沐浴在朝陽之下也能提振精神。

早晨也是許多動植物開始活動的時間，充滿生命力。早上光是出去走走便能獲得來自四周的力量。

吸收陽光

看著太陽深呼吸，想像自己吸進了陽光。吐氣時想像自己把累積在身體與心靈當中，汙濁的氣一吐而淨。深呼吸時想像自己正在將靈體能量汰舊換新。深呼吸的次數沒有硬性規定，建議緩緩呼吸，不要做到過度換氣的程度。

◇早晨的氣具備特殊的能量！

◇晨間散步（太陽＋晨氣＋運動）

養成每天早睡早起的習慣，早上睜開眼睛的第一件事情是感謝萬

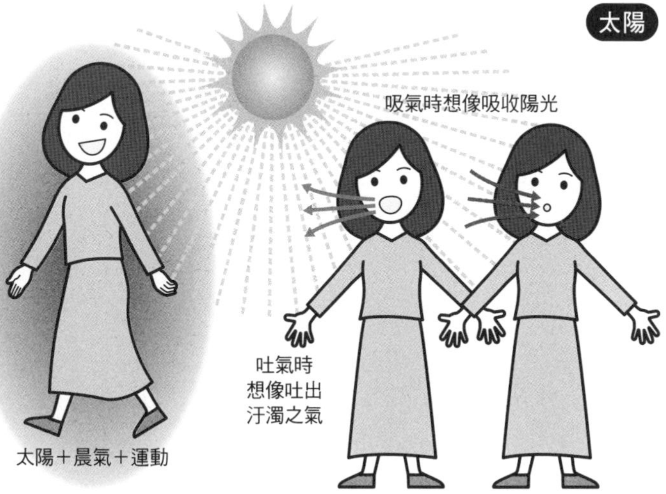
太陽
吸氣時想像吸收陽光
吐氣時
想像吐出
汙濁之氣
太陽＋晨氣＋運動

事萬物，接著在家附近散步，同時吸收晨氣。沐浴在朝陽之下，深深吸進潔淨的空氣，適度運動，面帶微笑和擦身而過的人打招呼——這樣便能充分地淨靈淨化，感覺更加幸福快樂。

每次淨化時提醒自己「我正在淨靈淨化」，更能提升淨化的程度。說元氣的「元」是太陽之意也不為過。

元氣的〈元〉＝〈太陽〉

日本有句俗諺說「病由氣生」。讓氣感到喜樂，自然不會生病。但是什麼樣的行為能讓氣感到喜樂呢？

只要大家明白，最好的行為是曬太陽，自然會養成與太陽共生的習慣，最後成為不容易生病的人。

這明明是單純重要的道理，卻從未有人正確傳授給我們。

「日之大神，請您驅魔、淨化與撫慰。」

★請反覆念誦，建議和言語淨化一併進行。

> 沐浴在陽光之下感受喜樂，並且轉化為謝意。

月亮星辰淨化

◆何謂月亮星辰淨化？

◇賞月。

◇觀星。

月亮與星辰會吸收能量，因此具備撫慰的效果。進一步的功效是引人入睡。

新月與滿月的能量效果相反

高掛在夜空中的月亮是距離地球最近的衛星。新月與滿月的能量大相逕庭。

月亮有陰晴圓缺，因此古人使用陰曆來計算日子。月亮的重力引發地球潮起潮落，持續為地球上的所有生命帶來巨大的影響。

（新月→滿月）氣上升
（滿月）洋溢氣
（滿月→新月）氣下降

月亮的能量是以二十九點五天為週期循環。新月的能量程度為〇，而滿月是一〇〇，因此能量變化為新月（〇）→滿月（一〇〇）→新月（〇）→滿月（一〇〇）→新月（〇），反覆持續。

關於月亮的淨化淨靈，關鍵在於正確使用月亮的能量。把注意力放在月亮上，沐浴在月光下，靜靜地呼吸。

當月相由新月轉換為滿月，屬於氣逐漸上升的補充期（開始準

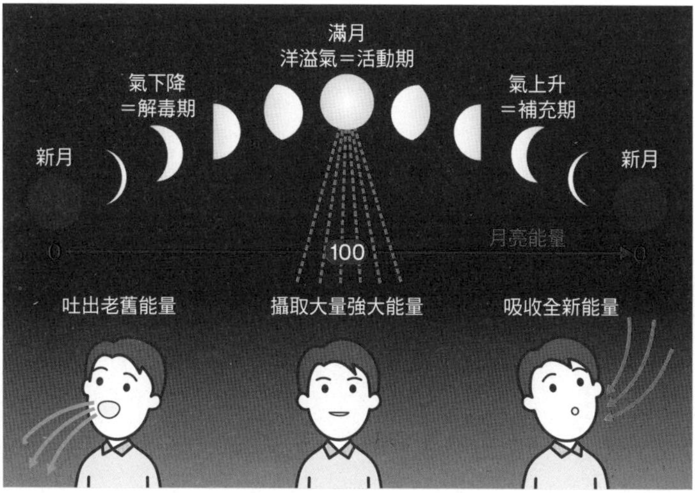

備）。因此這時候看著月亮，想像自己正在吸收全新的能量（氣、思考與情感），靜靜地呼吸。

滿月是洋溢氣的活動期（開始執行）。因此這時候看著月亮，想像自己正在吸收大量強大的能量，靜靜地呼吸，提振精神。

當月相由滿月轉換為新月，屬於氣逐漸下降的解毒期（開始整理）。因此這時候看著月亮，想像自己正在吐出老舊的能量（氣、思考與情感），靜靜地呼吸。

「月之大神，請您驅魔、淨化與撫慰。」

★請反覆念誦，建議和言語淨化一併進行。

賞月時感受喜樂，並且轉化為謝意。

星辰的能量具備撫慰的功效

星辰是遠離地球的能量體，具備撫慰的功效。

因此白天接收太陽的能量，提振精神之後，到了晚上則是悠然眺望星空，藉由星辰的能量來鎮定身心，進而促進入睡。美麗的星空同時具備視覺淨化的效果。

「星辰諸神，請您驅魔、淨化與撫慰。」

★請反覆念誦，建議和言語淨化一併進行。

觀星時感受喜樂，並且轉化為謝意。

山淨化

◆何謂山淨化？

◇去爬山。

登山健行時，最好選擇不會勉強自己的步調。

爬山時能夠接觸山中的植物、礦物與美景，獲得大量良好的氣。

山
爬山，
或是從遠方眺望山，
透過視覺獲得欣賞美景的喜悅

◇**從遠方眺望山。**

達到視覺淨化的效果，持續眺望山林美景，透過視覺感受喜樂。

「山之神明，請您驅魔、淨化與撫慰。」

★請反覆念誦，建議和言語淨化一併進行。

眺望山時感受喜樂，並且轉化為謝意。

水淨化

◆何謂水淨化？

◇觀賞、碰觸、沐浴或浸泡清澈透明的水。

海洋、湖水、池子、河川、瀑布、泉水、井水

溫度太低會造成反效果，因此沐浴與浸泡的溫度不要太低，時間也不要太長，以免著涼。最重要的是不要造成身體負擔。

・把雙手雙腳浸泡在乾淨的水中。

※最好是在夏季前後，以免太冷造成身體負擔。

・沖熱水澡或冷水澡（只有夏天）。

「水之神明，請您驅魔、淨化與撫慰。」

★請反覆念誦，建議和言語淨化一併進行。

接觸水時感受喜樂，並且轉化為謝意。

火淨化

◆何謂火淨化？

◇凝視火和烤火。

花時間生營火，或是坐在火爐旁靜靜地看著火都能達到淨化的效果。

把想要淨化的事寫在紙上燒掉，也是一種淨化。

「火之神明，請您驅魔、淨化與撫慰。」

★請反覆念誦，建議和言語淨化一併進行。

看火時感受喜樂，並且轉化為謝意。

風淨化

◆何謂風淨化？

◇接觸海風以及清流、瀑布所吹來的風。

◇沐浴負離子。

◇吸收舒暢的風。

「風之神明，請您驅魔、淨化與撫慰。」

★請反覆念誦，建議和言語淨化一併進行。

吹風時感受喜樂，並且轉化為謝意。

植物淨化（花草樹木）

◆何謂植物淨化？

植物沒有任何攻擊的能量，而是具備撫慰人心的能量，並且吸取人類身上負面的能量。

竹子、大麻、稻子、蘆葦與山林中的野草等一年生草本植物，生長快速，充斥大量能量。這些植物又稱為「宇宙植物」，過去來自其他星球，是上天對地球人的恩賜。

竹子是一種功能多樣的優秀植物，既能食用，又能做成纖維、竹炭與建材，而且淨化能力強大。

大麻現在因為能用於提煉毒品而受到法令限制，不得栽種。但是直到第二次世界大戰之前，日本人在日常生活中經常使用大麻，例如大麻籽用來榨油，草莖做成纖維，葉子則是藥草。

現代人提到稻子只會想到稻米，其實古代日本人把所有果實微小的穀物統稱為「稻」。稻子也是人類熟悉的優秀植物，能用於食衣住與醫療等各種領域。

山林中的野草不僅能用來泡茶，也是中藥與芳香精油等藥品（水藥、外用藥與吸入劑等等），以及驅蟲用香料與染料等日常用品的原料。

如同前文所言，古代的日本人懂得善用淨化能力強大的植物，食衣住與醫療等各種領域都能看到這些植物的身影。所以古人的生活可說是，惡魔不容易入侵的環境。

然而**現代人的生活卻恰好相反，整體的生活環境容易遭到惡魔附身與操弄**。

植物是上天對動物的恩賜。植物雖然是動物的食物，卻也仰賴動物的排泄物和屍體分解後的養分來繁衍。因此雙方的關係是互生互利的交互循環。

植物具備動物（包括人類）生存所需要的所有要素。因此自古以來，驅魔和醫療都少不了植物。

靈媒當中又有一群人稱為「巫醫」（medicine man），擅長使用藥草。這群人分布於世界各處，他們的治療方式被視為民俗療法，流傳至今。

接觸植物時感受喜樂，並且轉化為謝意。

樹木淨化

◆何謂樹木淨化？

◇和樹木建立親近的關係（成為朋友），把樹木視為神明。

◇樹齡長的樹木具備人性，可以與之對話。

◇撫摸、擁抱，以及靠在樹上。

◇坐在樹下冥想。

植物沒有任何負面能量，可以釋放十分良好的能量。其中又以扎根於大地的樹木能量最為強大。

樹木與地球緊密連結，吸收大量太陽的能量，因此具備強大的能量，淨化能力也超乎一般植物。樹齡越長，越能與四周的其他樹木連結，提升淨化能力，成為森林之王。

樹木
樹木具備高超的淨化能力，
釋放強大的能量
親近樹木，進而擁抱、對話、
撫摸、倚靠與冥想

首先**走進公園、森林或山林，找出喜歡的樹木**。然後對樹木說「請讓我摸摸你」，再來撫摸樹木。

觸摸且獲得撫慰之後，請記得要對樹木表達謝意。重複對同一棵樹說話與撫摸，久而久之和樹木、森林便更加親近。

除此之外，我的指導靈告訴我和植物相處時，不可以砍伐樹木。這是因為樹木成長費時，而且能夠淨化空氣，又是生態系的關鍵。

所以人類走進近郊山林時，除了不能砍伐樹木，還必須適當地種樹與回收利用；深山的森林則不應該多加干涉，任其回歸自然。

和樹齡高達數百年以上的樹木對話之際，對方一定會對我說：

「不准砍我們，為什麼人類沒辦法和其他物種和平共存呢？」

每次聽到對方這麼說，我只能頻頻道歉。

「樹木之神，森林之神，請您驅魔、淨化與撫慰。」

★請反覆念誦，建議和言語淨化一併進行。

接觸樹木時感受喜樂，並且轉化為謝意。

花草淨化

◆何謂花草淨化？

◇觸摸花草。

◇對花草說話。

◇嗅聞花草的香氣。

植物的共通點是處於被動狀態，不會攻擊其他事物，心胸寬大，願意吸收負面能量。

探病時帶花去不僅能有效促進視覺淨化，還能吸收病人身上的汙濁之氣，提升自然治癒能

力，進而早日康復。

「感謝花草精靈，請您驅魔、淨化與撫慰。」

★請反覆念誦，建議和言語淨化一併進行。

接觸花草時感受喜樂，並且轉化為謝意。

礦物淨化

◆何謂礦物淨化？

◇接觸岩石。

岩石也具有能量，能力隨礦物種類而有所不同。有些礦物具備強大的撫慰能量，有些則是有助於提升思考能力，振作精神等等。

岩石當中格外有名的是寶石，接觸寶石不僅能進行礦物淨化，還有視覺淨化的功能。由於寶石的能量與效果千差萬別，佩戴時必須依照身心狀況來挑選。

山也是礦物匯集而成，因此每座山的能量與功效也迥然不同。

市面上經常可見商人強調礦物的飾品與偶像具有能量，使用時的關鍵在於不能倚賴這些外力。

建議大家依照自己的感覺，挑選喜歡的山與岩石。

「岩之神明，石之神明，請您驅魔、淨化與撫慰。」

★請反覆念誦，建議和言語淨化一併進行。

接觸礦物時感受喜樂，並且轉化為謝意。

沙淨化

◆何謂沙淨化？

◇把雙手雙腳放進沙子裡。

◇做沙浴。

這種時候最好使用乾淨的沙

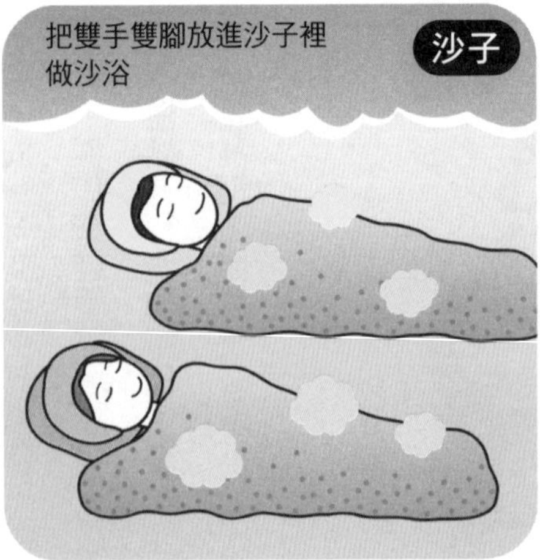

子，例如海灘的沙子。沙浴的效果類似泡溫泉。

「地之大神，請您驅魔、淨化與撫慰。」

★請反覆念誦，建議和言語淨化一併進行。

接觸沙子時感受喜樂，並且轉化為謝意。

土淨化

◆何謂土淨化？

◇把雙手雙腳放進土裡。

◇把身體埋進土裡。

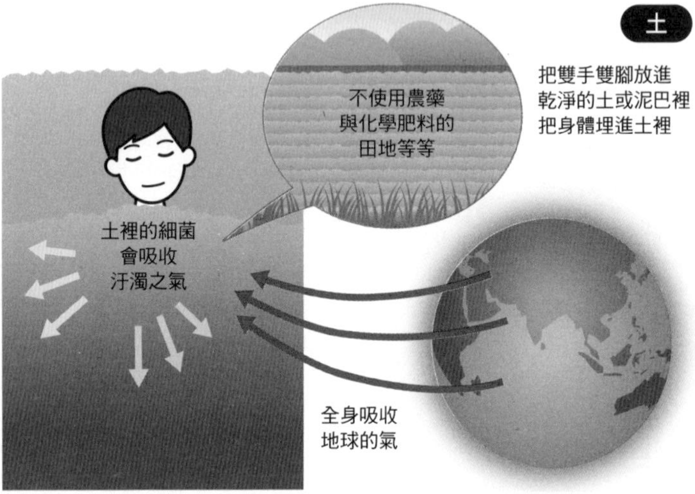
土
把雙手雙腳放進
乾淨的土或泥巴裡
把身體埋進土裡
不使用農藥
與化學肥料的
田地等等
土裡的細菌
會吸收
汙濁之氣
全身吸收
地球的氣

這種時候最好使用乾淨的土壤，例如不使用農藥與化學肥料的田地。

土浴的效果類似泡溫泉。這在過去是一種民俗療法。據說醫生認為沒救的病人把頭以下的部分都埋進土裡，竟然因而痊癒。

這是因為土壤中的細菌吸收了人體的汙濁之氣，病人同時透過吸收地球之氣，提升免疫力，促使身體恢復健康。

「土之神明，地之大神，請您驅魔、淨化與撫慰。」

★請反覆念誦，建議和言語淨化一併進行。

接觸土時感受喜樂，並且轉化為謝意。

沐浴淨化

◆何謂沐浴淨化？

◇泡澡。

◇**使用溫度適中的洗澡水，悠哉地泡澡。**

我每天都會禮拜水之神明，是因為世上萬物都需要水才能生存。

無論是喝水、泡澡還是沖澡，都是水之神明賜予的喜樂。所以我每天都會對水之神明表達謝意。

我的習慣是每天早晚各泡一次澡，因為泡澡能夠強化淨化能力。

熱水是火之神明與水之神明賜予的產物。所以泡澡不僅是泡在熱水裡，而是獲得火之神明與水之神明淨化。這種時候我總會在內心表示感激之意，感受淨化的喜樂。

「熱水、泡澡」＝「火之神明」＋「水之神明」

我在洗澡時也會仔細清洗身體每一個部位，同時表達謝意。沖澡與泡澡時則是感謝火之神明與水之神明，一邊撫摸身體，一邊泡在熱水裡。

光是這麼做便能撫慰身心，睡得更好。

◇刷牙。

◇漱口。

◇洗手。

◇洗臉。

進行這些動作時秉持對水之神明的謝意與淨化身體之心，便能達到淨靈淨化的功效。

意識會對我們所處的世界造成實質影響，因此日常生活中便會顯現，抱持或不抱持何種想法所形成的差異。

靈性世界注重「個人的意識究竟抱持何種想法」。

泡澡

悠哉地泡澡
洗澡水的溫度要適中

「火之神明，水之神明，請您驅魔、淨化與撫慰。」

★請反覆念誦，建議和言語淨化一併進行。

泡澡時感受喜樂，並且轉化為謝意。

第4章

淨化的方法③

透過脈輪、色彩與冥想等等

發聲淨化

◆何謂發聲淨化？

◇從丹田發聲。

◇唱歌。

◇笑出聲音來。

從丹田用力發聲，想像堆積在身體與心靈當中的負面能量與汙濁之氣全部排出體外。**大聲吶喊是一種立即生效的淨化方式**。

大聲吶喊時，想像自己把內心累

積的一切全部從口中排出。

這種時候需要的是可以安心大聲吶喊的環境。建議大家去KTV或是音樂練習室，張開嘴巴，大聲喊叫，不需要特意拿麥克風。

倘若發出聲音時感覺喜樂，代表達成淨化的效果。

笑淨化

◆何謂笑淨化？

◇發笑。

◇面帶笑容。

◇笑出聲來。

◇逗別人笑。

秉持愛惜自己與他人之心、感謝之意、尊重之心，提升笑容品質。

笑本身便能達到淨靈淨化的效果。醫學界也將「發笑」作為醫療的一環。笑能有效活化自然殺手細胞（natural killer cell），擊退癌細胞與病毒，提升免疫力。

笑↓提升免疫力

不僅如此，笑還能活化腦部機能，促進血液循環，調節自律神經，強化肌力，加強幸福快樂的感受，以及止痛。

儘管如此，心情實在鬱悶，笑不出來的時候，不妨準備一些道具來逗自己笑。

◆準備讓自己和他人發笑的道具

◇看令人發笑的照片與影片（存在電腦或手機裡）。

◇讀令人發笑的書籍。

◇聽令人發笑的音樂。

◇閱讀令人發笑的語句，並且說出口。

◇和喜歡的人待在一起。

◇對著鏡子練習笑。

提起嘴角，垂下眼角來鍛鍊表情肌。鍛鍊表情肌時加上笑聲，反覆練習到能自然笑出來吧！

鹽淨化

◆何謂鹽淨化？

◇攝取鹽（泡熱水、溫水或常溫水來飲用）。

◇在身上撒鹽。

◇撒鹽。

◇泡鹽澡。

◇把鹽塗在身上（鹽三溫暖）。

◇把鹽放在身上（裝在袋子裡）。

對於生命體而言，鹽分與水分都是生存不可或缺的要素，充斥強大的能量。**站在靈性的角度，具備強烈的淨化能力。**

這是因為鹽是海水蒸發之後的產物，蒸發的過程需要太陽與水。因此鹽可說是海之神明、日之大神和火之神明各自濃縮而成的能量體。

自古以來，鹽在世界各地便經常用於驅魔降惡，例如古代的日本人會把鹽堆放在神龕與玄關。

我之前也嘗試以不同分量的鹽來淨靈淨化。鹽的淨化能力深受分量影響，越多越強大。

相反地，能量越小，淨化所需的時間越長，或是看不出成效。

實際使用時建議用一公斤的袋裝

鹽，而且最好是日曬鹽。

這是因為日曬鹽含有大量太陽的能量。普通的粗鹽又比精製鹽和調味過的鹽好。

放在家裡的鹽以一公斤的日曬袋裝鹽為佳，不需要特意從袋子裡拿出來。

一般用鹽淨化時會撒鹽，做成鹽堆，或是把鹽倒進洗澡水裡。每天使用的話，需要非常大量的鹽。

了解鹽的製造過程，自然會湧現珍惜之情。揮金如土的用法實在過於浪費。為了避免鹽受潮，建議裝袋使用，不需要刻意取出。

特意換裝成其他袋子也可能在填裝的過程中灑出來，所以建議買來之後直接使用，無須開封。

在自己家裡使用時，一公斤的袋裝鹽越多，淨化的能量越強。建議在家中各個角落與玄關、後門等進出的地方放鹽。

但是家裡四處都放了鹽，可能會嚇到家人或客人。不妨連包裝袋放進喜歡的布袋子，或是放在大家看不到的地方。

如果想隨身攜帶，建議把二〇〇～五〇〇公克左右的鹽裝袋放在脈輪上。

關於脈輪

Q. 何謂脈輪？

A. 脈輪可以想成靈體中能量的交叉點、穴道或是出入口。

靈體的中線（頭部、額頭、喉嚨、胸部、心窩、下腹部、私處）上共有七個大脈輪，其他較小的脈輪則分布於手心、手腕、手肘、肩膀、膝蓋、腳踝與腳底等等。

把鹽放在這些脈輪上時，想像鹽吸收了負面的能量。

建議一天一次用鹽來淨化脈輪。淨化時播放令心靈平靜的樂曲，點燃芳香精油，燈光選用間接照明，躺下十～三十分鐘，把鹽放在每一個脈輪上。

最好的時間是洗完澡之後。泡澡時接受火之神明與水之神明的撫慰，接下來把鹽放在脈輪上淨化。

請把鹽放在疼痛的部位，想像鹽在吸取該處的疼痛。

脈輪有正面與背面之分，效果也會因部位而異。

例如感覺寂寞、悲傷或是擔心，通常是因為負面能量堆積在胸部，所以要把鹽放在胸部的脈輪上。這種時候，在與胸部對應的背部之處也要放上鹽。

何謂脈輪？

各類脈輪感覺痛苦的情況

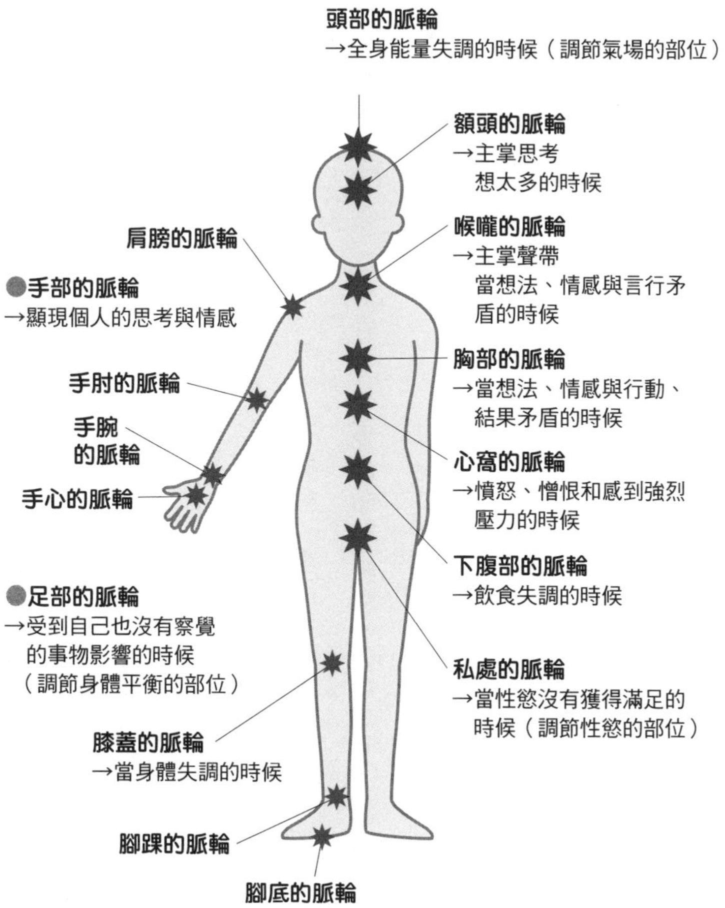
頭部的脈輪
→全身能量失調的時候（調節氣場的部位）
額頭的脈輪
→主掌思考
想太多的時候
肩膀的脈輪
喉嚨的脈輪
→主掌聲帶
當想法、情感與言行矛盾的時候
●手部的脈輪
→顯現個人的思考與情感
胸部的脈輪
→當想法、情感與行動、結果矛盾的時候
手肘的脈輪
手腕的脈輪
心窩的脈輪
→憤怒、憎恨和感到強烈壓力的時候
手心的脈輪
下腹部的脈輪
→飲食失調的時候
●足部的脈輪
→受到自己也沒有察覺的事物影響的時候
（調節身體平衡的部位）
私處的脈輪
→當性慾沒有獲得滿足的時候（調節性慾的部位）
膝蓋的脈輪
→當身體失調的時候
腳踝的脈輪
腳底的脈輪

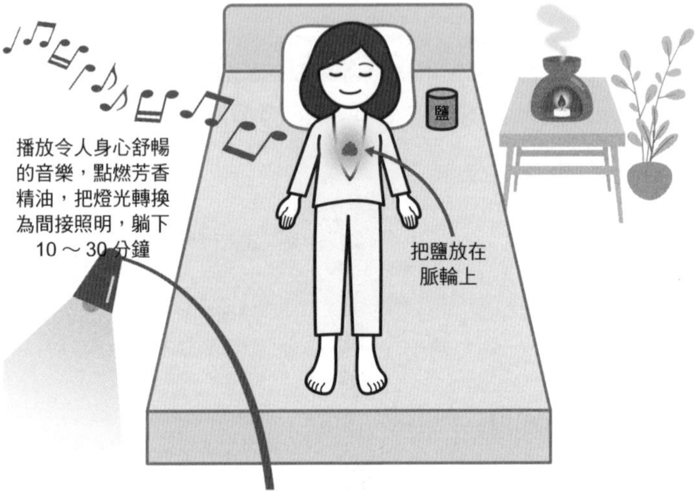
播放令人身心舒暢的音樂，點燃芳香精油，把燈光轉換為間接照明，躺下10～30分鐘
鹽
把鹽放在脈輪上

各類脈輪感覺痛苦的情況

脈輪有其對應的身體部位。

◇頭部的脈輪↓全身能量失調的時候（調節氣場的部位）。

◇額頭的脈輪↓主掌思考。想太多的時候。

◇喉嚨的脈輪↓主掌聲帶。當想法、情感與言行矛盾的時候。

◇胸部的脈輪↓當想法、情感與行動、結果矛盾的時候。

◇心窩的脈輪↓憤怒、憎恨和感

到強烈壓力的時候。

◇下腹部的脈輪→飲食失調的時候。

◇私處的脈輪→當性慾沒有獲得滿足的時候（調節性慾的部位）。

◇足部的脈輪→受到自己也沒有察覺的事物影響的時候（調節身體平衡的部位）。

◇膝蓋的脈輪→當身體失調的時候。

◇手部的脈輪→顯現個人的思考與情感。

用於淨化的鹽類

◇乾燥不容易結塊者。

◇日曬鹽。

◇無須在意價格。

◇家裡用的鹽（一公斤袋裝，放在玄關、家中與房間角落、床的四周，或是拿來當枕頭）。

◇攜帶用（二〇〇～五〇〇公克）。

Q. 鹽需要更換嗎？

A. 鹽不會過期，所以不需要更換。

更換與否涉及心情。實在很在意的話，可以更換新的鹽或是把用過的鹽拿去曬太陽來淨化。

「鹽之神明，請您驅魔、淨化與撫慰。」

★請反覆念誦，建議和言語淨化一併進行。

環境淨化

◆何謂環境淨化？

◇選擇感覺舒適的地方。

◇生活在容易專注的安靜場所。

◇改變職場或家庭環境。

◇搬到其他地區。

每個地方的能量不盡相同。地方的能量有好有壞，又或者適合或不適合自己。

〈能量良好的地方〉〈能量不良的地方〉
〈能量適合自己的地方〉〈能量不適合自己的地方〉

選擇符合自己靈體的地方來生活，自然能夠保持身心健康，減少壓力。

現代人的生活深受電磁波影響，所以必須把這些肉眼看不到的能量（電波、電磁波、音波、氣味、空氣品質）所造成的影響一併列入考量。

家附近是否有高壓電纜呢？是否有變電所呢？是否有電塔呢？是否有基地台呢？

建材所散發的化學物質也會造成室內空氣汙染，導致居民出現過敏的症狀。當身心不適時，事出必有因。

體質因人而異，所以當身心不適時，儘早找出原因並改善。

想長時間待的地方代表具備良好能量！

掃除淨化

◆何謂掃除淨化？

◇打掃房間。

◇整理收納。

把住家或房間當作能量體的話，便能思考該怎麼做才能讓住處具備良好的能量。

住處＝能量體

邪惡的靈體喜歡充斥垃圾、骯髒凌亂，或是散發臭味的房屋。

喜歡這種房間的人和邪惡的靈體頻率相近，實際上遭到惡靈附身的人，房間凌亂不堪。垃圾與髒汙＝惡意邪念，因此打掃的時候，最好想像自己正在淨化房間。

垃圾與髒汙＝惡意邪念

打開窗戶，讓新鮮的空氣流進房間，改善通風。

除此之外，物品也具有能量，令人不適或已經擱置不用的物品最好收拾丟棄。雖然執行起來可能很難，建議大家還是要這麼做。

物品＝能量體

打掃、整理收納、移動家具、改變家飾以及斷捨離的時候必須懷抱喜樂之心，享受房間逐漸變得整齊乾淨的喜悅，為了自己能夠住在良好的環境裡而表達謝意，而不是滿心不悅，認為在勉強自己。

乾淨＝獲得淨化

衣物淨化

◆何謂衣物淨化？

◇穿著對身體無害的衣物。

衣物也具備能量，其能量依照穿著者的喜好＝靈性而有好有壞。

天然的材質、有機製品（棉花、麻等）和化學纖維為原料的衣物所具備的能量不同；手工與機械所製造的衣物，其能量也大相逕庭。

考量到皮膚也需要呼吸，直接接觸

衣物
穿著天然材質的衣物，維持整潔，剪裁不會過於緊繃

肌膚的內衣和襪子等貼身衣物最好挑選對身體無害的材質，時時保持清潔。

如果必須長時間穿著，最好挑選不會對身體造成負擔，適度寬鬆的衣物，以免勒緊肌肉、淋巴、神經與血管等身體的各個部位。大家不妨趁這個機會重新審視帽子、內衣、上衣、襪子與鞋子等衣物。

不對身體造成負擔，剪裁不會過於緊繃

衣物的顏色也會對視覺造成影響，因此是淨化的重要因素之一。關於顏色請參考下一節的色彩淨化。洗滌衣物和打掃一樣，具備淨化功效。穿上水、光與熱淨化過的衣物，便能獲得好能量。

色彩淨化

◆何謂色彩淨化？

◇欣賞具備良好能量的顏色。

色彩淨化是一種視覺淨化，每一種顏色的能量隨特徵而不同。因此想要利用色彩來淨化，必須配合自己的情況，挑選合適的顏色來觀賞，或是穿在身上與裝飾。

下文引用色彩療法對於顏色的分析（分析內容隨流派與治療師可能有所不同，以下僅供參考）。

◇紅色：活力、熱情、興奮、憤怒、攻擊性。

◇橘色：開朗、溫暖、安心、年輕的氣息。
◇黃色：光明、希望、歡喜，活力、樂觀。
◇綠色：自然、平靜、和平、健康、富裕。
◇藍色：抑制、鎮靜、信賴、爽朗。
◇紫色：高貴、撫慰、注意力、引導、神祕。
◇粉紅色：愛情、戀愛、幸福、浪漫。
◇褐色：誠實、健全、健康。
◇白色：純潔、清潔、開始。
◇黑色：洗鍊、穩重、威嚴、悲傷。

明亮的顏色（開朗的印象）⇕黯淡的顏色（陰沉的印象）

表演藝術淨化

◆何謂表演藝術淨化？

◇秉持感謝之情與喜樂之心來唱歌、跳舞、演奏、描繪和書寫。

表演藝術源自薩滿信仰。靈媒和異次元的存在交流時以表演藝術為手段。為了聯繫善良的存在，必須提供良好的想法與能量。想要聯繫善良的存在，必須讓良好的氣流遍靈體，進而達到淨靈淨化的作用。

過去巫女也會唱歌、演奏與跳舞，藉此酬神。古代日本人稱呼負責祭祀典禮的巫女為「猿女」，日本第一本史書《古事記》中最有名的猿女是天宇受賣命。

相信不僅是靈媒，一般人也會對神明（大自然的萬事萬物）、靈團靈人，以及所愛的人，以歌唱、演奏與舞蹈的方式來表達賜予生命的謝意。

唱歌、跳舞、演奏、描繪和書寫時感受喜樂，並且轉化為謝意。

描繪和書寫也是把想法（異次元世界所帶來的意念）化為具體的行為，倘若藉此把良好的想法（能量）帶來目前所處的次元（共振共鳴），便能達到淨靈淨化的效果。

如此一來，創作的成果也能成為良好能量的複製（觀眾和持有人因而共享是何種人在何種情況產生何種想法。這種情況不分好壞，都

會造成影響）。

排泄淨化

◆何謂排泄淨化？

◇排便與嘔吐等排泄之際，秉持感謝之情，想像自己很舒服。

◇想像自己把髒汙之物排出體外。

如果連每天排泄時也能秉持感謝之情，感受喜樂，便能達到淨靈淨化的效果。

> 排泄時感受喜樂，並且轉化為謝意。

宇宙淨化

◆何謂宇宙淨化？

◇想像自己吸收宇宙的氣。

宇宙能量的形狀不一，有些類似銀河的形狀，呈現漩渦形；有些類似恆星與行星的形狀，呈現球狀或圓形，還有一些是曲線的形狀。

因此**期盼靈體吸收宇宙能量時，不妨想像漩渦、圓球、圓形**

宇宙
想像漩渦、球狀、圓形與曲線的形狀，
來獲得能量以達到淨化效果

與曲線的形狀來扭動，或是描繪這些圖形來創作。

例如轉動身體，把手指向天空，由內朝外畫圓或漩渦。這種時候要想像銀河的漩渦，好來接收大宇大神所賜予的能量。

直接觀賞太陽與星空也行。

「大宇大神，日之大神，星辰諸神，請您驅魔、淨化與撫慰。」

★請反覆念誦，建議和言語淨化一併進行。

接收宇宙的氣時感受喜樂，並且轉化為謝意。

冥想淨化

◆何謂冥想淨化？

◇進行冥想。

◆淨化過去情況的冥想

過去的情況對現在造成影響時，可以請現在的自己對過去的自己，進行心理諮商。

對於過去的自己而言，現在的自己就是未來的自己。現在的自己之於過去的自己而言，是最了解自己的最佳顧問。

但是所謂的心理諮詢不是以同情作結，而是引導自己轉念。**我們雖然無法改變過去，至少能改變想法與情感**。

例如對於不想回想起來的痛苦過去，不是當鴕鳥假裝沒這麼一回事，而是利用正向思考來改變心情：「我在這個經驗裡學到很多，換個角度可說是難得的經驗，也因此學會同理和自己有過相同經驗的人。」

教導自己把對於情況的「否定」，逐漸轉換為「肯定」。

不僅是對於情況，對於自己也是一樣，不妨**把自我否定轉換為自我肯定**。

能夠由衷對自己說「我因此學到很多，謝謝」，代表淨化成功。

對於過去的情況＝〔否定〕→〔肯定〕

◆解決現在問題的冥想

想要解決人際關係等問題，冥想時在心裡想像對方的模樣，並且由衷致歉和由衷致謝。

直接和對方見面或是打電話，表達內心的想法也行。沒辦法直接當面表達時，不妨在冥想的世界想像對方的模樣來表達心意。

這種時候因為是透過彼此的守護靈、指導靈、近親靈和相關的靈體來傳達，行動必須誠心且有禮。

邪惡的念頭（抱怨、壞話、怨恨與痛苦的心情）會帶來惡性的因緣，最後會淪為懲罰，回到自己身上。所以請格外當心。

【自己】〔道歉〕〔道謝〕→【對方】

◆創造未來的冥想

重要的是想像美好的未來，感受喜樂，消弭不安與恐懼。避免遭到他人洗腦，以免自行選擇充滿恐懼與焦慮的未來。

創造未來的第一步是想像＝選擇想法。

想像＝選擇想法

想法化為言語，進而行動，帶來結果。（範例）

「做得到的想像」→正面能量→「在現實生活中實現了！」

「做不到的想像」→負面能量→「在現實生活中無法實現」

〈現在〉★原因〈想法〉

← 〈說出口〉⬇〈行動〉

〈未來〉★結果

最簡單的做法便是，**想像自己對**

於未來的期望。對於未來的期望便是和自己靈性相符的欲求。

想法是一種能量，因此會受到想像與期望的能量所影響，化為因果。想要藉由冥想淨靈淨化，必須儘量想像良好的能量。

想像的例子包括「身處於光明之中」、「在美麗的大自然環繞之下」、「周遭的人都面帶微笑」。

第5章

淨靈淨化的方法
神示淨化等等

神示淨化

◆神示朗讀淨化

◇手邊有《大日月地神示上下卷》（神人著）的人，請朗讀此書（※僅供與《大日月地神示》有緣者參考）。

可以由上卷朗讀至下卷，或是僅朗讀下卷。也可以只朗讀當天想朗讀的部分，或是重複朗讀同一行、同一頁。建議朗讀時像是念給自己聽，或是秉持愛護之心，想像念給身邊的人聽。

節錄《大日月地神示》下卷第十五節：

「日出之神，請賜予光明與淨化之力。請吸收善良之氣，請吸走邪惡之氣。時時請求諸神保護、淨化與引導。大日月地大神，日之大神，月之大神，地之大神，星之大神，水之神，火之神，土之神，雨之神，風之神，岩之神，木之神，金之神，人之神，請感恩奉拜祂們。」

節錄《大日月地神示》下卷第十八節：

「守護靈團會借助力量，請說出：『大日月地大神大靈團御靈，請保護、淨化與引導。』靈團的任務是驅逐地上的魔物與淨化，讓惡人洗心革面和逮捕他們。」

節錄《大日月地神示》下卷第三十一節：

「請發出聲音朗讀神示。接收到符合靈魂的訊息。各自學習，洗心革面。禱詞請發揮威力，淨化我們吧！善惡都會改變。人心要是改變，世界便會煥然一新。」

節錄《大日月地神示》下巻第三十二節：

U—RU—U—RU—U—

O—RO—O—RO—O—

A—RA—WA—RA—WA—

E—RE—E—RE—E—

I—RI—I—RI—I

U—RU—U—O——

A、I、U、E、O

KA、KI、KU、KE、KO

SA、SHI、SU、SE、SO

TA、CHI、TSU、TE、TO

NA、NI、NU、NE、NO

HA、HI、FU、HE、HO

MA、MI、MU、ME、MO
YA、I、YU、E、YO
RA、RI、RU、RE、RO
WA、WI、U、WE、O、N、U

這是 AIUEO 的禱詞。

也是淨化靈魂的神奇禱詞。

節錄《大日月地神示》下卷第三十九節：

「有緣聚集於此的人民，請在胸前畫十字與圓圈，雙手貼胸，稟告神明：Mu—U—Ru—U—，大日月地大神御靈，請驅魔、淨化、保護與引導。請稟告多遍：Hi—Fu—Mi—YO—I，最後以 U—Ru—U—O—結尾。這是驅魔的禱詞。只要說出口，我們靈團便會現身，驅逐帶走魔物等邪靈，請人民誠摯相信，倚靠靈團。我們是無可取代

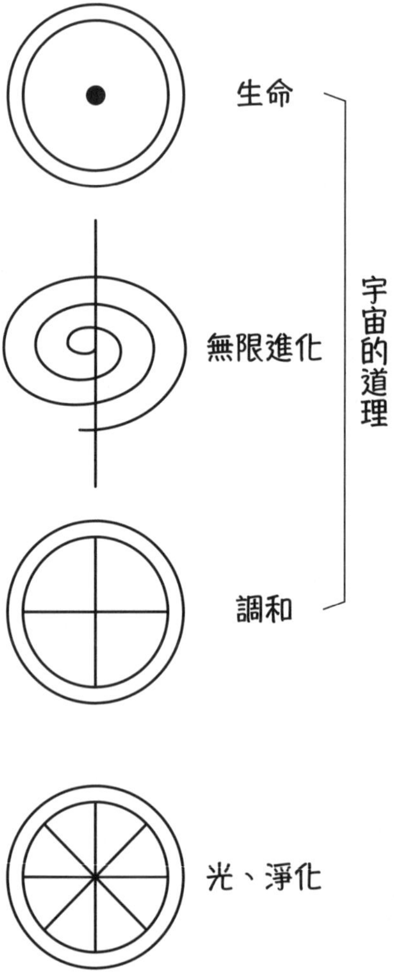

©KAMIHITO

的。大家淪為惡魔的奴隸，弱點遭人掌控，無法動彈，所以無法真的驅魔。」

節錄《大日月地神示》下卷第四十六節：

「這世上的人民都需要朗讀神示，每個人都需要洗心革面，發出聲音朗讀吧！多讀幾遍吧！讀了就會發生改變。讀了便能洗滌靈魂。即便憤怒，即便受挫，讀了之後便會洋溢喜悅，轉換為感動喜樂。因為需要教誨，方才提出要求。請明白單憑誇獎，靈人與人民是不會改變的。請保持耐心，持續朗讀。也朗讀給附在身上的邪靈聽吧！」

◆何謂神示淨化？

把本書蝴蝶頁和前一頁的「光、淨化」和「調和」的符號，或是《大日月地神示》上下卷的符號放在脈輪上，便能達到淨靈效果。

搭配鹽一起使用，效果更佳。

〔鹽〕＋〔神示〕↓脈輪

符號淨化

◆何謂符號淨化？

◇**把意識放在有淨化能力的符號（mark）上，提升感謝之意。**

本章蝴蝶頁和上一頁的「光、淨化」和「調和」的符號，或是《大日月地神示》封面與蝴蝶頁的符號能用於淨靈淨化。

畫下來也好，或是把使用這些記號的設計穿在身上，時時拿出來觀看也行。

最重要的是**了解符號（mark）的意義，懷抱喜樂之心與感謝之情，把淨靈淨化一事放在心上**。符號不過是**連結淨靈淨化之心的契機**，注意不要淪為偶像崇拜。

「穿在身上就能獲得保護」　↓邪教

「看了就能實現願望」　↓邪教

「祈禱便能獲得幸福」　↓邪教

參拜淨化

◆何謂參拜淨化？

◇前往神社、寺廟或石頭公參拜。

挑選參拜地點的條件不是知名度或規模，而是**是否有善之氣流動**。

覺得自己在該地點身心舒暢，該地點與自己有緣，自己覺得合適便是好地方。參拜時的關鍵在於參拜者的心態，而不是拜越多＝得到越多庇護。

加強感謝之心，才是關鍵。靈人把

參拜時的心態與舉止都看在眼裡。因此參拜時請秉持誠心誠意，言行舉止都必須符合禮儀。

在場的靈團靈人會根據大家的表現，做出符合的靈性對應。

秉持誠心誠意參拜，參拜時注意禮節

祈禱淨化

◆何謂祈禱淨化？

◇向神明或靈團靈人懷抱感謝之意，稟告禱詞。

禱詞是加強個人與靈團連結的手段，透過禱詞、經文或咒文來呼喚不同的靈團。

每個靈團各有專屬的語言，所以沒有目的，隨意念誦經文、禱詞或咒文不是一件好事。

僅供閱讀《大日月地神示》的讀者參考：

「Mu—U—Ru—U—O—，大日月地大神御靈」是呼喚靈團「大日月地大神」的禱詞，這是平常關照我的守護靈團。

打個比方，靈團相當於另一個次元的企業。如同我們的世界有各式各樣的企業，靈團也有大中小、強弱，以及能力不同之分，和這個次元的團體與人類有所連結。

要和不同的靈團聯絡，必須發出特定的言詞或聲音。

連結靈團靈人的「言詞」與「聲音」＝禱詞、經文與咒文

世上有很多靈團，要挑選和哪個靈團連結，端看各位讀者。平常關照我的大日月地大神靈團相當於宇宙，也就是大銀河的企業或是宇宙警察。

「日月地」是太陽系之意。日月地＝太陽、月亮、地球＝太陽系，加上「大」字便成了銀河。

我們所居住的銀河星系是有銀河的星系，加上「大神」二字代表是銀河系進一步的網絡。

因此大日月地大神御靈，便是位於宇宙的「大銀河靈團」。《大日月地神示》是大銀河靈團賜給地球的指引。

大日月地大神御靈＝大銀河靈團

把開頭的「Mu—，U—，Ru—，U—，O—」說出口，是以類似打電話的方式聯絡靈團。

下一步是懷抱感謝對方總是關照自己的心情，表達謝意：「大日月地大神御靈，對您獻上感激。」

只要滿懷心意，換成「謝謝大日月地大神御靈」也可以。

接著是稟告祈求的內容，「大日月地大神御靈，請您驅魔、淨化、保護，賜予幸福」。這時候換成「驅魔、淨化」、「保護、引導」或是「撫慰、治療」也可以，重點是具體向神明許願。

我稟告時的標準禱詞如下：

「Mu—，U—，Ru—，U—，O—，大日月地大神御靈，對您獻

上感激。大日月地大神御靈，請您驅魔、淨化、保護，賜予幸福。」

以上的禱詞請複誦三次，三次以上便能和靈團連結。

接下來則是複誦到自己覺得足夠的地步。

我覺得三次不夠時，會複誦五～十次，直到負面的思緒逐漸離開腦海。當整個人變得輕盈時，即可結束。

結束之後，想像掛上電話的場景，懷抱感謝之心，以「Mu—，U—，Ru—，U—，O——」作結。

閱讀過《大日月地神示》的讀者或許知道，大日月地大神御靈還有其他名字。

大日月地大神御靈（O—hitukuo—kami ontama）

大宇大神御靈（O—uo—kami ontama）
大祖大神御靈（O—so o—kami ontama）

除了「Mu—，U——，Ru—，U—，O—」之外，也可以複誦「O——，U——」三次。

建議大家以各自覺得舒適的方式稟告禱詞，重點在於稟告時身心舒暢。

要是覺得「獻上感激」說起來太拗口，不需要拘泥於形式，換成「非常謝謝」、「深表謝意」也行。

我每天早晚都會稟告禱詞，早上起來的時候是懷抱「今天也請多多指教」的心情，晚上睡前則是「今天也謝謝照顧了」。

稟告禱詞沒有規定的步驟，請大家自行判斷選擇如何稟告。

他愛淨化

◆何謂他愛淨化？

愛惜萬事萬物，比較容易獲得對方回以善念，與對方相關的其他人士與靈人也會因此對自己保持好感，獲得善念的回應。

因此**越是愛惜萬事萬物，越容易獲得更多善念與正面能量**。

接收善念與正面能量也有助於利用萬事萬物的念來淨靈（治療）與除靈（守護）。

相反地，詛咒萬事萬物會導致惡念與負面能量回到自己身上，進而形成身心不適與不幸的原因。

他愛＝淨靈

善行淨化

◆何謂善行淨化？

選擇行善，能為與自己相關的人和自己團隊的靈（守護靈、指導靈、近親靈與相關靈）帶來喜樂，對方為了回報也會提供更加良好的援助。

行善也有助於加深與守護靈、指導靈和近親靈的關係。除此之外，還能連結其他願意援助自己的人與靈團靈人。

善行＝淨靈

慶典淨化

◆何謂慶典淨化？

舉辦慶典來玩樂一番的意思。和親近的人一起唱唱跳跳，歡笑嬉鬧，能夠獲得大量喜樂＝正面能量。

除了自己居住地區的慶典，前往喜歡的歌手所舉辦的演唱會或表演，定期與朋友參加活動也能獲得相同效果。我推薦大家多多參加能讓人身心愉悅的活動。

舉辦慶典＝淨靈

淨靈方程式

◆何謂淨靈淨化的方程式？

以下是我針對淨靈淨化方程式的簡易說明：基本上**喜樂**、**感謝與時間的總和便是淨化力**。

將「喜樂」的種類分為α、β與γ，「感謝」的程度以星號的多寡表示，「時間」的長短以小時來標示：

1.（喜樂α＋感謝★）×時間○小時＝淨化力

2.（喜樂α＋喜樂β＋喜樂γ＋感謝★★★）×時間○小時＝淨化力

◆何謂喜樂的α、β與γ？

喜樂的種類。肉體與靈體（心靈）的喜樂也是形形色色，種類十分豐富。

◆何謂感謝★？

感謝的品質、程度與幅度。對何者，對何物，表達何種與多少程度的謝意一事日益重要。

例如對肉體，對其他存在（家人、友人、夥伴、地區、國家、世界、動物、植物與微生物），對靈，對神明（日月地與自然萬物）。

◆何謂時間〇小時？

身心實際感到喜樂與感謝的時間。

時間越長代表淨化程度越深，力量越強。

當身心失調時，越是需要淨化的力量。

◆淨靈方程式的應用

（喜樂 α ＋喜樂 β ＋喜樂 γ ＋感謝★★★）×時間〇小時＝淨化力

搭配方式形形色色，大家不妨根據實際情況來嘗試建立屬於自己的組合。喜樂的種類也不僅限於三種，可以適時增加。

◆感謝的程度

淨化力會隨感謝的程度與品質而大幅改變。因此大家在表達謝意時必須更加深入，更加廣泛，更加誠心。

感謝★

感謝★★

感謝★★★

感謝★★★★

感謝★★★★★

【組合案例】感謝程度隨個人調整即可。

・（太陽淨化＋運動淨化＋呼吸淨化＋感謝）×一小時

沐浴在朝陽下散步，做體操時深呼吸。

・（沐浴淨化＋身體淨化＋言語淨化＋感謝）×半小時

泡澡時按摩身體，把對身體與洗澡水的謝意說出口。

・（冥想淨化＋呼吸淨化＋聽覺淨化＋感謝）×半小時

聆聽令人身心舒暢的冥想音樂，享受呼吸並冥想。

・（掃除淨化＋聽覺淨化＋發聲淨化＋感謝）×一小時

寫下你的喜樂與謝意吧！

A		+		+		+	
B		+		+		+	
C		+		+		+	
D		+		+		+	
E		+		+		+	
F		+		+		+	
G		+		+		+	
H		+		+		+	
I		+		+		+	
J		+		+		+	
K		+		+		+	

上述的內容乘以時間便是淨化方程式

聆聽音樂的同時，一邊唱歌，一邊打掃。

・（鹽淨化＋聽覺淨化＋嗅覺淨化＋感謝）×半小時

躺下來聆聽大自然的聲音，嗅聞芳香精油，把鹽放在脈輪上。

・（味覺淨化＋想像淨化＋笑淨化＋感謝）×半小時

想像食材與做菜的人的模樣，面帶微笑用餐。

・（神示淨化＋言語淨化＋想像淨化＋感謝）×一小時

朗讀《大日月地神示》，想像光明美好的未來。

淨靈帶來的淨化作用

頭痛、腹痛、腹瀉、嘔吐、咳嗽、睡意、無力、身體顫抖與打冷顫等等，有時可視為排毒。

何謂導靈？

◆何謂導靈淨化？

◇引導靈。

◇**對靈進行心理諮詢。**

向靈表達同情與理解，引導對方走向正確的方向。引導的過程中可能需要嚴厲說教。即便無法與靈對話，基本上大家都能進行導靈。

所有人類都有覺察的能力＝靈性感覺。

這種能力不同於直覺、靈感或是預感，而是感覺到肉眼看不到的電磁波或電波，例如彷彿遭人凝視，或是似乎有人近在身邊等等。

因此到了覺得有些介意的地方（感覺到靈的地方），開始單方面向對方搭話，好像在自言自語或是演獨腳戲。前提是靈人都能感受到你想表達的內容。

導靈＝向靈搭話

導靈的方法

◆促使對方了解自己已經死亡

許多靈因為方才死亡或是受限於死法而無法認知到自己已經死亡，第一步是向對方確認是否發現自己已經死亡的事實：「你知道自

己已經死了嗎？」

◆告知對方死後的世界

・告知對方可以瞬間見到思念已久的人。

※提醒對方前去造訪家人或朋友，好好道別。

「你有沒有想見的人呢？」

・可以待在心愛的人身邊。

※僅限於對方也抱持同樣意願的情況。

「只要對方也願意，你可以一直待在心愛的人身邊。」

・告知對方到了靈界便能「瞬間前往想去的地方或回到過去」。

※靈人倘若經歷數次瞬間移動，便能接納自己死亡的事實。

「你有沒有什麼想去的地方呢？」

「想不想回到哪一段過去呢？」

・告知對方有機會投胎轉世。

※只要死者有心便能立刻投胎轉世。

「人會投胎轉世，有機會和心愛的人再次一起生活。」

◆理解對方

※察覺死者的悲哀與痛苦，表現同理。

光的另一頭
＝提供重生機會的靈界
＝喜樂的世界
引導對方朝太陽、月亮
與星星等光亮處前進
表示理解對方的悲傷與痛苦，告知對方到了靈界便能立刻見到想見的人，去到想去的地方，還能投胎轉世

「你一定很難過吧！真是辛苦你了，雖然我沒辦法幫你做什麼，不過我們來放掉悲哀的心情，把注意力放在邁向喜樂的世界吧！」

※想像太陽、月亮與星星等光亮來引導對方。

「請朝光明的方向前進吧！光明會帶領你前往喜樂的世界。」

「光的另一頭是靈界，你到了靈界便能投胎轉世，朝嶄新的人生邁進吧！」

◆溫柔告誡

※ 對於遲遲不願改變的靈，給予溫柔指導。

「大家都是為了學習成長而來到人世間進行各種體驗喔！」

「這些之於你都是必要的學習喔！」

「不可以為了自己方便，而給活人添麻煩喔！」

「大家都有自己的生活，不可以打擾別人喔！」

◆嚴厲斥責

※ 對於造成麻煩的靈，需要嚴厲斥責與指導。

「不要隨便侵入別人的領域！給我滾出去！」

「不要死了還給別人添麻煩！」

「辛苦難過的不是只有你！」

「你已經變成邪靈了！趕快住手！」

何謂除靈淨化？

◆**除靈淨化**

◇去除靈。

◇強制排除。**就像是打給靈界的派出所**。

委託自己信賴的靈團靈人來救援，**請祂們帶走需要淨化的惡靈**。

想要做到這點，必須從平常便信仰靈團靈人，加強與對方的靈緣。

如同流傳至今的俗諺「臨時抱佛腳」所云，平常不與靈團靈人往來，突然念起禱詞、經文或咒語也無法發揮作用。與靈團靈人建立關係如同人類世界的人際關係，需要花費心思經營。

除靈的方法

《大日月地神示》的讀者可以反覆念誦以下的禱詞：

「O——U——，O——U——，O——U——。大宇大神御靈，請您驅魔、淨化、保護，賜予幸福。」

除靈完畢之後，需要對靈團靈人表達謝意：

「由衷感謝您本次保護我，懇請今後持續保護，賜予幸福。O——U——，O——U——，O——U——。」

第6章

淨化地球

大家來淨化地球吧！

每天對地球表達謝意吧！「地球大神」、「地球女士」、「大地大神」、「我們的母親」，任何敬稱都能用來稱呼地球。秉持充滿愛與感激的態度，開口表達這番心意吧！

未來的地球會變成什麼樣子？

地球今後會越來越好。假設宇宙也有四季，每個季節的能量各異。目前我們所居住的銀河星系終於結束了漫長的冬日（負面勢力強大的黑暗期），進入春暖時代（正面勢力逐漸增強的排毒期）。

換句話說，我們即將迎來宇宙規模的淨靈淨化時代。因此地球也從春天到夏天，又從夏天到秋季，逐漸邁向更加美好燦爛的未來。

建立美好的未來！

現代人最為欠缺的是**「想像未來的能力＝想像力＝創造力」**。人類原本能夠自行創造未來，卻遲遲創造不出來。不僅如此，未來原本應該充滿喜樂，我們卻難以感受到喜悅愉快。

這一切都是由於我們受到各種想法洗腦，失去了如何選擇才能為自己帶來喜樂的想像力。換句話說，也就是我們**創造未來的能力被剝奪了**。

我認為這便是日本這個國家陷入困境的根本原因。

既然如此，該怎麼做才能化解這種洗腦呢？只要全世界的人都改變意識，便能擺脫洗腦。**改變意識，世界也會隨之改變**。

思考、開口和行動，三者缺一不可。不知為何而做的人，即便行動也無法獲得喜樂，不過是個機器人。

如果希望能打從心底認為自己的未來光明幸福，必須**先自行規劃未來，把內心的想法化為言語並說出口，採取符合言語的行動，方能獲得光明幸福的未來**。

這是因為未來都源自自己的意識。然而我們從未接受過相關的教育，所以「將來長大了想做什麼？」這種關鍵的問題可能只有念小學

創造未來的想像力

時稍微想過一下。

由於沒有人問過這種問題，因此大家在成長過程中從未深入思考過如何創造未來。

倘若當時有人好好教導我們「做什麼都好」、「許什麼願都可以」，大家就不會覺得思考未來的夢想這種事情真是丟臉。

不僅如此，這種時候還混雜了經濟的偏見來潑冷水：「幻想這些事情，將來賺不了錢喔！」

這是國家與時代所造成的惡果。只要當事人所做出的選擇能夠帶來喜樂，就是那個人專屬的正確答案。

所有生活方式都該獲得肯定，無法肯定這種價值觀的大環境便是虛偽的社會。

神的世界是一切都是喜樂的狀態。想做什麼都能做，而且不會遭人否定。同時這個世界沒有人會做壞事。

倘若這個世界有人做壞事，也是因為行動與存在不受認可，才會因為過於痛苦而做出不正當的行為。一旦獲得肯定，便能恢復善良的狀態。

當然也沒必要打仗。正是因為沒有受過上述的教育，才無法建立正確的價值觀。

請問各位讀者，人體的部位有順序排名嗎？

環視世界，美國、俄國與中國是先進國家，而開發中國家地位較低，不覺得這樣的排行很奇怪嗎？

國家不應該有善惡之分。地球人倘若不接受正確的教育，了解國家之間沒有誰高誰低，這個世界就不會改變。真正的善是萬事沒有排行，不分善惡。

這說起來雖然理所當然，卻被當作場面話，結果不再是理所當然。因此我認為包括整個社會的錯誤價值觀，也必須淨靈淨化。探究到底，原來這是我真正的目標。社會中的每一分子淨化自己，擺脫洗腦跟精神控制，這個社會一定會變得更幸福。

「地球愛慶典」是淨化地球的第一步！

「地球愛慶典」是我所舉辦的慈善活動，目的在於推動所有人對生命之母地球表達一年三百六十五天份的謝意。

我是活動發起人，從二〇〇七年開始，每年都會在京都舉辦。第一屆在京都舉辦之後，持續舉辦到二〇二三年。活動地點遍及日本全國，包括京都、東京、愛知、神奈川、靜岡、栃木、岐阜、大阪、奈良、和歌山、岡山、鳥取、島根、福岡與沖繩（宮古島），由當地的執行小組負責舉辦。

「地球愛慶典」的主旨大略分為以下幾點：

◇**珍惜地球**。

珍惜地球和地球上所有的生命體，
珍惜生活在地球上一事。

◇珍惜地球上所有生命體。

◇珍惜生活在地球上一事。

◆何謂珍惜地球？

・培養對於大自然的感恩之心。

・選擇重視大自然的生活方式。

不污染！不破壞！不掠奪！

・地球是生命體之母。

地球是生命體之母

・肉體是由地球的成分所組成。

我們是地球之子

・地球不是人類的所有物和資源。

地球＝由住在地球上的所有生命體共享

◆珍惜地球上所有生命體

・尊重人類、動植物、微生物的生命＝提高共存意識。

所有生命體都具備重要的角色

・生活方式不得破壞生態系。

萬事萬物都有所關聯，缺一不可

・不得以優劣來分類生命體，將所有生命體視為生態系這個肉體中的器官或細胞，了解所有生命體存在之意義並加以珍惜。

・分享生命與喜悅。

平均分配食衣住，和其他生命體共存共榮

◆珍惜生活在地球上這件事

・珍惜肉體。

＝肉體相當於地球的分身，是上天為了讓我們能在地球上學習所借給我們的生命體。

・為他人貢獻自己的能力。

＝抱持慈愛之心，對待彼此。

・為生命感到喜悅。

＝學習、培育、建立關係與表現自我。

何謂我們做得到的淨化地球？

建立能為所有人帶來喜樂的機制吧！

◆**留下必要的事物，消弭不需要的事物**

・對於有害物質，秉持不製造、不販賣、不購買與不認同的基本態度。

這個世界遭到有害物質汙染，想要改善必須確實判斷「何者有害？何者無害？」推廣真正正確的教育。

透過教育改善、自愛與他愛、共存共榮和無害化

〔地球的無害化〕

◇**建立所有人都能共存的新社會系統。**

・所有人都能共存的社會。

從競爭社會轉化為共生社會

未來的社會將是彼此分享、互助合作！
所以放下不安與擔心吧！

・推動世界各國的貨幣價值同等。
・消弭虛偽，共享真實（資訊的淨化）。
・共同培育平等分配的社會系統。
・改變意識，從競爭比較轉為共生共存。

〈競爭社會〉→〈共生社會〉

◇推廣共生教育

・教導眾人擔任義工，為他人貢獻心力。
・建立充滿愛的世界，我愛人人，人人愛我。

〈為他人無償貢獻的世界〉

結語

淨化從日常實踐開始

謝謝大家願意翻閱本書到最後一頁，由衷感謝能透過這本書與各位結緣。

人必須多少經歷病痛等痛苦的經驗，方能了解身心健康是件多麼珍貴的事，絕非理所當然。

這個世界上沒有任何事情是理所當然，其實我們都過得非常幸福快樂。

我也是經歷過各種痛苦的經驗，終於學會深切反省，時時感謝。

幸運的是，我這幾十年來因為強烈的靈媒體質，學會一般世人難以了解的靈性痛苦、有趣與喜樂之處。

這趟異想天開的旅行如同跨越時空的科幻電影，充滿刺激又無法預測日後的發展。看來我目前離目的地還非常遙遠，所以我相當期待之後的風景。

但是相較於過去，最大的變化在於藉由親身體驗學到如何因應靈症，得以儘早妥善處理。

用心深入了解自己的體質，便能早日預防因應，降低生活上必然會出現的不安與恐懼，甚至還能活用體質，得到為社會貢獻的喜悅。

正因為我曾經親身體驗，所以才能和大家分享。這些經驗都化為我的財產，也因而感受到上天賜予我的使命，深感喜悅。

身為一個具備靈媒體質的人，我把幾十年來的苦惱經歷都濃縮於本書當中，這本書相當於我人生的綜合果汁。

倘若讀者當中也有靈異體質者，本書必定有部分內容有所裨益，所以大家不妨把這本書當作實用書來參考。

我相信應該還有其他妥善的辦法，目前有待改善的部分則待我今後增加體驗，日後補充。

最後如果大家容我胡言亂語的話，我想告訴大家，身為靈媒，我深切期盼本書對大家的身心健康與幸福有所貢獻。

期盼與本書結緣的所有讀者都能身體健康，萬事如意。本書或許有些疏漏，或是造成不快，還請大家見諒。

大家高高興興、快快樂樂，遞嬗感恩。O——∪——，O——∪——，O——∪——。

神人　叩首

國家圖書館出版品預行編目資料

淨化接福：靈媒神人驅散負能量，洗滌身心體的 75 個方法 / 神人作；陳令嫻譯 . -- 初版 . -- 臺北市：三采文化股份有限公司，2024.06
面； 公分 . -- (Focus；108)
ISBN 978-626-358-403-7(平裝)

1.CST: 心靈學 2.CST: 心靈療法

175.9 113006341

suncolor 三采文化

FOCUS 108

淨化接福

靈媒神人驅散負能量，洗滌身心體的 75 個方法

作者｜神人　插畫｜淺田惠理子　譯者｜陳令嫻
專案主編｜李媁婷　美術主編｜藍秀婷　封面設計｜李蕙雲　內頁排版｜陳佩君
版權協理｜劉契妙　行銷協理｜張育珊　行銷企劃專員｜盧蕙　校對｜黃薇霓

發行人｜張輝明　總編輯長｜曾雅青　發行所｜三采文化股份有限公司
地址｜台北市內湖區瑞光路 513 巷 33 號 8 樓
傳訊｜ TEL：（02）8797-1234　FAX：（02）8797-1688　網址｜ www.suncolor.com.tw
郵政劃撥｜帳號：14319060　戶名：三采文化股份有限公司
本版發行｜ 2024 年 6 月 28 日　定價｜ NT$420